고객의 만족도를 높이는
음식점 안전 · 위생 관리 노하우

신신자 지음   핸뉴북스

머리말

우리나라 외식산업 규모를 보면 1992년에는 18조 원이었던 것이 2021년에 105조 원에 이르렀다는 것을 보면, 30년 사이에 외식인구가 6배나 증가한 것을 알 수 있다. 이는 매년 5%~7% 성장하였다는 것을 의미한다.

정부는 2015년에는 210조 원 규모의 식품, 외식산업을 2022년도에 330조 원 규모로 키우겠다는 내용의 제3차 식품산업 진흥 기본계획을 발표하였다. 또한 고용 측면에서 살펴보면 외식산업 종사자는 2021년 기준 205만명으로 2015년 기준 195만명으로 연 평균 2.5%의 증가로 서비스업 중 가장 많고, 높은 것으로 나타났다. 이처럼 외식산업의 성장과 외식업체의 증가로 인해 외식업체 매니저의 필요성은 더욱 증가할 것으로 예측된다.

이러한 이유로 음식점업의 진입 장벽이 낮기 때문에 많은 예비 자영업자들이 음식점업에 쉽게 뛰어들고 있다. 이는 음식점 창업은 다른 자영업에 비해 까다로운 자격증이나 기술이 요구되지 않고, 상대적으로 적은 자본으로도 쉽게 창업이 가능하기 때문이다. 그래서 특별한 기술이나 경험없이도 남들처럼 따라하면 될 것이라는 안이한 생각으로 음식점업 창업에 뛰어들었다가 쓴맛을 보는 사람들이 많다.

실제로 음식점을 창업하고 1년 안에 폐업하는 사례가 73.6%가 넘으며 2년 이내 폐업율은 약 84%에 이른다는 충격적인 결과나 나왔다. 그리고 음식점 자영업자 5명 중 4명은 창업과 경영에 관련된 어떤 교육도 받지 않은 체 음식점을 창업하고 운영하고 있는 것으로 나타났다. 그러다 보니 많은 음식점 창업자나 운영자들은 현상유지를 하거나 적자에 시달리다가 폐업하는 씁쓸한 결과를 맞게 되면서 그동안의 투자비와 노력이 헛고생이 되고 있다.

음식점을 창업하는 데는 많은 비용과 노력이 필요하다. 그리고 국민을 대상으로 건강을 책임져야 하기 때문에 창업 후에는 위생 점검과 안전 점검을 수시로 받아야 한다. 점검은 단순히 계도 차원에서도 하기도 하지만, 점검을 통해서 강력한 행정처벌로 인해 영업이 정지되거나 과태료를 물게 된다. 따라서 음식점을 경영하기 위해서는 안전과 위생을 수시로 자체 점검하여 만반에 대비를 해야 한다.

또한 각 지자체에서는 위생 등급제를 실시하여 위생에 관련된 점검을 통하여 위생 점수에 따라 '좋음'(별 하나), '우수'(별 둘), '매우 우수'(별 셋) 인증서를 받는 제도가 실시되고 있다.

이 책은 지자체 보건소의 위생 점검과 위생 등급제를 대비하고, 안전보건공단의 안전 점검에 대비하기 위한 방법을 제시하고 있다. 부디 이 책을 통하여 음식점에서 재해 사고가 없는 음식점을 만들고, 위생적으로 문제가 발생하지 않기를 기원한다.

지은이 신신자

목 차

머리말 ·· 3
목 차 ·· 5

제1장 안전 관리 ·· 7
  1. 안전의 개념 ·· 9
  2. 안전 관리의 필요성 ·· 11
  3. 음식점의 재해사고 유형 ·· 14
  4. 산업재해의 업무상 재해 ·· 19
  5. 산업안전보건법 상의 안전 관리 규정 ······························ 23
  6. 안전사고의 발생 원리 ·· 28
  7. 산업재해 ·· 30
  8. 매장 내 안전사고의 종류 ·· 32
  9. 안전 보호 장비 ·· 34
  10. 안전교육 ·· 36
  11. 응급조치 ·· 38
  13. 매장 안전 관리 ·· 40

제2장 식품위생법 ·· 43
  1. 식품 위생법의 정의 ·· 45
  2. 식품 위생법 시행령의 정의 ·· 46
  3. 식품 위생법의 제정 목적 ·· 47
  4. 식품 위생법의 용어 정의 ·· 48
  5. 위해 식품 등의 판매 등 금지 ·· 49
  6. 검사 ·· 50
  7. 영업 ·· 52

8. 조리사와 영양사 ··· 54
　　9. 기타 ·· 56
　　10. 벌칙 ·· 58

제3장 위생 관리 ·· 61
　　1. 위생 관리의 정의와 필요성 ·· 63
　　2. 개인위생 관리 ··· 64
　　3. 시설 위생 관리 ··· 69
　　4. 식품 종사자의 위생 관리 ·· 71
　　5. 식자재 위생 관리 ··· 73
　　6. 소독 ··· 77
　　7. 시설물 위생 관리 ··· 81
　　8. 방충·방서 ··· 84

제4장 주방 기구 세척 ·· 85
　　1. 세척의 정의와 요소 ··· 87
　　2. 주방 기구 세척 이유 ··· 88
　　3. 주방 기구 세척 방법 ··· 89
　　4. 세척제 ··· 91
　　5. 세척제의 종류 ··· 92
　　6. 주방 기구 세척 방법 ··· 95
　　7. 주방의 항목별 세척 방법 ·· 97

　　참고문헌 ··· 100

제1장

안전 관리

1 안전의 개념

가. 정의

안전이란 위험이 생기거나 사고가 날 염려가 없는 상태를 말한다. 또는 안전이란 인간 생활을 편안하고 완전함을 위하여, 위험 가능성을 없애고 사고를 줄이는 것을 말한다. WHO에서는 안전에 대하여 개인과 지역공동체의 건강과 복지를 위하여 위험과 육체적, 정신적 또는 물질적인 해로움을 초래하는 조건들이 조절되는 상태라고 하였다.

인간은 누구나 편안하기를 원하고 만족시키려는 욕망을 가지고 있다. 안전이란 편안하여 위험이 없는 상태를 유지하여 인간의 안전의 욕구를 지켜주는 것이다. 결국 안전이란 사고의 예방과 개인적 피해나 부상 또는 사고로부터 오는 재산적 손실이 없도록 하는 것이다.

나. 안전의 대상

1) 위험

① 위험이란 위태롭고 험하여 안전하지 못한 것을 말한다.
② 산업 현장에서는 근로자가 기계 나 시설 등 위험한 환경에서 부상이 발생할 가능성이 있다.
③ 안전은 생활 속에서 일어날 수 있는 위험 요소를 제거하는 것도 포함된다.

2) 사고

① 사고란 뜻밖에 일어난 일이나 사망 혹은 부상을 입게 하거나 재산상의 손실이

발생하는 예기치 못한 사건을 말한다.
② 사람은 신이 아닌 이상 행동이 완벽할 수 없으므로 누구나 가끔 실수를 저지르게 된다. 이러한 실수는 대부분 정해진 원칙이 무시되고 지켜지지 않음에 따라 사고를 당할 확률이 높다.
③ 사고에는 교통사고, 낙상사고 등이 있으며, 안전은 사고를 미연에 방지하는 것을 포함한다.

3) 재해
① 재해는 사고의 결과 일어난 인적 피해를 말한다.
② 재해는 자연 재해와 인위적인 재해로 구분된다.
• 자연 재해는 화산 폭발, 지진, 홍수, 가뭄, 폭풍, 태풍, 해일, 벼락 및 우박 등 오늘날의 과학 기술로써 방지하기는 어렵고 예보나 대피 등으로 그 피해를 최소화할 수밖에 없다.
• 인위적 재해는 사람들에 의해 일어나는 화재, 교통사고, 추락 등의 사고에 의한 재해로써 대개는 미연에 방지할 수 있다.
③ 안전은 재해에 의해서 일어날 수 있는 피해를 최소화하는 데 의미가 있다.

4) 손상
① 손상은 비의도적인 손상과 의도적인 손상으로 나눌 수 있다.
• 비의도적 손상은 자신이 의도하지 않은 교통사고, 낙상, 화상, 질식, 중독 등과 같은 불의의 사고로 발생하는 손상을 말한다.
• 의도적 손상은 폭력, 학대, 자살, 범죄 등으로 인해 초래되는 건강상의 해로운 결과를 의미한다. 손상의 원인은 사고, 자해, 폭력, 자연재해, 재난, 전쟁 등이다.
② 안전사고는 손상을 유발하는 하나의 주요 요인이다.

2 안전 관리의 필요성

우리나라는 유엔무역개발회의(UNCTAD)가 2021년부터 개도국에서 선진국으로 분류함으로 인해서 한국은 엄연히 선진국 대열에 합류하게 되었다. 선진국 진입은 2차 세계 대전 이후 최초이기 때문에 대한민국은 70년간 세계에서 가장 성공한 나라가 되었다

선진국의 진입 조건은 경제력만이 아닌 군사력, 외교력, 문화 역량 등 다방면에서 평가를 한다. 따라서 우리나라의 산업안전에 대한 기준이 높아져야 한다. 한국의 경제구조가 고도화됨에 따라, 2차 산업에서 3차 산업인 서비스 업종의 비중이 커지면서 산업 점유율이 높아지고 있다. 2021년 9월 기준으로 전체 근로자수는 19,228,561인데, 도소매·음식·숙박업 종사자수는 3,280,408명으로 전체 근로자수의 17.06%가 해당되어 업종별 가장 많은 비중을 차지하고 있다. 그리고 도소매·음식·숙박업 업소는 1,064,304개소이며 이중 음식점업은 891,777개소로 83.8%를 차지하고 있어 서비스업 중에서 음식점업의 비중이 가장 많다.[1]

우리나라 도소매 음식 숙박업에서 산업재해 사례 수는 2020년에는 18,592명(떨어짐 1,167명, 넘어짐 4,508명, 부딪힘 1,001명, 물체에 맞음 790명, 무너짐 43명, 끼임 1,358명, 절단 베임 찔림 2,972명, 감전 23명, 폭발 파열 28명)[2]이 발생하였으며, 이로 인해 30명이 사망하였다.

---

1) 식품의약품안전처. 2019년 통계자료.
2) 고용노동부(2020). 산업재해`현황분석. 고용노동부

사고재해자는 300인~999인 사업장을 제외한 모든 규모의 사업장에서 전년 동기 대비 증가하였으며, 사고사망자는 100인~299인 사업장에서 가장 많이 감소하였고, 300인~999인 사업장에서 가장 많이 증가한 것으로 나타났다.[3]

음식점업은 1999년에는 648,442개소에서 2000년에는 657,392개소, 2005년도에는 720,387개소, 2010년에는 809,033개소, 2015년에는 774,533개소, 2019년에는 891,777개로 2015년에만 업소가 감소하였지만, 지속적으로 연평균 7%씩 증가하고 있다. 이는 2022년 1월 4일 인구수(중위 추계)는 5,162만 8,117명으로 우리나라 인구 83.8명 당 1업소로 다른 어떤 업소보다 가장 많다. 특히 2020년 전체 재해요양 재해자수가 108,379명인데 비하여, 도소매·음식·숙박업 재해요양 재해자는 18,592명으로 전체 재해요양 재해자 수의 17.1%를 차지하고 있다. 이처럼 음식점업 사업장 수와 근로자 수가 증가함에 따라 산업재해에 대한 노출 빈도뿐만 아니라 실제 산업재해율도 높아졌으며, 서비스업에 의해 발생된 산업재해는 전체 재해의 17.1%를 차지하고 있다.[4]

음식점업이 재해예방 측면에서 중요한 업종으로 급부상하였으나, 우리나라의 「산업안전보건법」과 산업재해 예방사업은 대부분 경제개발 당시의 재해 발생건수 및 규모를 고려하여 건설업과 제조업을 중심으로 실시되고 있다. 그러나 2020년 기준으로 건설업의 산업 재해율은 11.73%를 차지하고 있으며, 제조업은 17.37%를 차지하여, 음식점업의 산업 재해율은 건설업보다는 훨씬 많으며, 제조업과 비슷한 실정이다. 그러나 산업 재해율은 오랜 기간 산업 안전에 대한 강조와 교육으로 인해서 다른 업종은 감소하고 있는 추세이나, 음식점업은 업종의 특성상 영세하기 때문에 오히려 산업 재해율은 증가하고 있는 실정이다.

---

3) 고용노동부(2021). 산업재해 현황분석. 고용노동부
4) 고용노동부(2021). 산업재해 현황분석. 고용노동부

또한 국내 「산업안전보건법」은 사업장 안전을 위해 안전·보건교육(제31조)과 관리책임자 등에 대한 교육(제32조)을 의무화하고 있다. 하지만 「산업안전보건법」 시행령에 따르면, 서비스업은 예외 업종으로 규정되어 있어, 산업안전보건 교육 측면에서 사각지대로 방치되어 있는 상황이다. 이와 관련하여 서비스업 사업주와 근로자의 안전의식 및 산업안전 정보는 매우 낮은 수준이다.[5]

또한 상시 근로자 5인 미만 사업장에 대해서도 법적 의무교육은 예외로 규정하고 있으며, 이는 2019년에는 891,777개로 지속적으로 연평균 7%씩 증가하고 있으며, 종사자 수는 3,280,408명으로 전체 근로자 수의 17.06%에 해당한다는 점에서 주목할 필요가 있다.

음식점업 사업장 내 재해 발생은 근로자의 낮은 안전의식, 허술한 안전관리, 안전 정보 부족, 안전에 대한 사업주의 인식 부족 등 사업장 구성원의 인식 및 부주의한 행동과 직결되기에, 사전 예방에 초점을 둔 안전보건교육은 매우 중요한 의미를 지닌다.

---

[5] 「산업안전보건법」 2021.

3 음식점의 재해사고 유형

음식 조리 종사자는 제한된 공간에서 장시간 서서 일하며 조리도구 등을 이용해 작업을 함에 따라 근골격계질환, 넘어짐, 베임, 화상, 끼임, 감전 등의 재해가 주로 발생하고 있다(안전보건공단, 2018).

2021년 발생 형태별 재해 현황을 살펴보면 조리 종사자는 넘어짐과 이상온도 접촉이 전체의 44.0%를 차지하며, '넘어짐' 재해는 주방 내 미끄러운 바닥이나 장애물 등에 의해 많이 발생하고 있으며, '화상'의 경우는 주로 가열된 상태의 조리기구나 음식 등에 신체가 접촉하여 발생한다(안전보건공단, 2014)).

급식실에서의 조리작업 특성상 화상, 상처, 화재 등의 사고가 발생하기 쉬워 사고로 인한 육체적인 고통 외에도 후유장애로 인해 직업적인 생명까지도 잃을 수 있어 삶의 질을 저하시킬 뿐 아니라 직장 전체의 사기에도 영향을 미친다(양일선 등 2014).

안전보건공단에서는 급식실 재해 유형과 안전작업 방법에 대하여 다음과 같이 제시하고 있다

1) 넘어짐

미끄러지거나 걸려 넘어지는 재해는 교육서비스업에서 가장 빈번하게 발생하는 재해 형태이며, 조리실 바닥과 계단에서 가장 빈번하게 일어나고 있다. 물이나, 기름기, 음식 잔재물 등에 의해 바닥면이 미끄럽게 형성되거나 조리실 바닥에 방치된 장해물이 주된 원인이 되고 있다.

수도꼭지 연결 호스에 걸려 넘어지거나 바닥에 떨어진 파 등 미끄러운 식자재를 밟고 넘어지는 재해가 발생한다. 주방에서 미끄러짐을 방지하기 위해서는 급식실 바닥은 효과적으로 청결하게 청소될 수 있어야 하고, 기름기, 음식물 찌꺼기 및 물기 등이 흡수되지 않아야 하며 물이 고이지 않도록 한다. 그리고 급식실 바닥은 적합한 재료의 선정, 바닥의 불침투성 유지, 이음매의 정확한 밀봉 등을 위하여 적합한 자가 시공한다.

또한 바닥에 물이 고이지 않도록 배수구 방향으로 경사를 주고 막힘과 역류가 없는 일상적인 세정이 가능한 구조이어야 한다. 해썹(HACCP)에서는 경사도 기준을 2%를 권고하고 있다.

미끄럼을 방지하기 위한 안전한 작업 방법은 주방에서 뛰지 않고 작업 전후 정리 정돈 및 바닥의 음식물은 즉시 제거하고 넘어짐 경고표지를 부착한다. 또한, 미끄럼방지 장화를 항상 착용하고, 작업장 내 적정 조도를 확보하며 청소 후에는 반드시 배수로 덮개를 원위치한다(안전보건공단, 2018).

2) 화상

화상은 매장에서 뜨거운 국물 등을 식기에 담거나 나르는 과정, 가스 불을 이용하여 음식을 조리하는 과정 등에서 발생하는 사고이며, 주로 가열된 상태의 음식이나 조리기구, 튀김 기름 등에 신체가 접촉하여 발생한다.

이를 방지하기 위해서 발목까지 내려오는 방수 앞치마를 착용해야 한다. 그리고 국을 끓일 때는 재료를 넣다가 국물이 튀어 얼굴에 화상을 입을 위험이 있기 때문에 재료는 솥 가장자리에서 천천히 투입해야 한다.

3) 끼임, 베임, 절단

음식을 조리하는 과정에서 칼, 절단기, 믹서기, 오븐기, 열탕기 등을 취급하거나 청소하는 과정에서 발생하는 사고이다. 원재료 투입 시 투입봉 등 기구를 활용하지 않고 맨손으로 투입하거나, 전원을 차단하지 않고 이물질을 제거하거나 기계를 청소하면서 발생한다.

깨진 유리컵에 손가락을 베이거나 냉동식품을 자르다 손가락이 절단되고 고추분쇄기 칼날에 손가락이 끼이는 재해의 경우 안전한 작업 방법은 설거지 전 깨진 유리를 제거하고 냉동 식재료는 충분히 해동 후 작업하며 분쇄기 사용 시 장갑 착용을 금지하고 전원 차단 후 찌꺼기를 제거해야 한다.

분쇄기를 사용하여 분쇄작업을 할 때 장갑이 말려 들어가는 것을 예방하기 위하여 맨손으로 작업하고, 보조기구를 사용하여 재료를 투입한다(안전보건공단, 2018).

4) 떨어짐

높은 선반에 적재된 중량물이 떨어져 다치거나, 배기 후드 청소작업 중에 작업자가 떨어지는 사고가 발생하고 있다. 떨어짐 사고를 예방하기 위해서는 자주 사용하거나 무거운 물건은 선반 아래쪽에 보관하며 높은 선반에 있는 물건을 내릴 때는 안전한 작업 발판을 사용한다.

가스 후드나 천정의 환기구 청소 시 딛고 올라선 의자가 넘어져 떨어질 위험이 있기 때문에 의자 사용을 금지하고, 2인 1조로 안전한 구조의 사다리를 사용하여 작업한다. 추락위험이 있는 곳에서 작업할 때는 반드시 개인 보호구를 착용한다. 또한, 조리실 내에서 맨홀 및 하수구에 빠져 떨어지는 위험 요소를 예방하기 위해서 맨홀이나 하수구 덮개는 항상 덮어 놓고, 접근 금지 경고판을 설치한 후 작업한다(안전보건공단, 2018).

5) 부딪힘

좁은 조리실 내에서 음식물이나 식자재 운반 중에 발생하며 설비의 모서리, 선반, 운반대차 사용 등에 의해 주로 발생한다. 부딪힘은 주로 음식을 급하게 옮기다가 식탁과 부딪혀 넘어지거나, 모서리에 부딪혀 부상을 입는다.

부딪힘 재해를 예방하기 위해서는 충분한 안전 이동통로 확보하고 통행로에 장애물이 없도록 하여야 한다. 조리기계·기구의 전·후·좌·우에 작업공간을 충분히 둔다. 작업자의 통행을 위한 통로의 폭은 1.2 m 이상으로 한다.

설비의 집합 구역과 집합 구역 간에 통행을 위하여 1.2 m 이상의 폭을 둔다. 문을 설치할 때는 문으로부터 1.2 m 이상, 회전 부분은 회전 바깥 지점으로부터 반경 1.2 m 이상의 공간을 둔다. 그리고 근로자가 안전하게 통행할 수 있도록 75lux 이상의 채광이나 조명시설을 설치한다(안전보건공단, 2018).

6) 근골격계질환(직업관련성 질환)

근골격계질환은 반복적인 작업을 수행하거나, 부적절한 자세로 작업하거나, 무거운 물건을 들어 올릴 때 근골격계질환이 발생한다. 그러므로 무거운 조리도구 등을 들거나 반복 작업을 할 때는 근골격계질환 발생 위험을 예방하기 위해 작업 전후에는 스트레칭을 실시하고 2인 1조로 무거운 물체를 들거나 운반해야 한다.

조리도구는 작업자가 취급하기 쉬운 가벼운 것으로 교체해야 한다(안전보건공단, 2018). 또한, 반복적인 작업을 줄이고 무리한 힘을 가하지 않도록 하며 작업 중 중립자세 유지가 가능하도록 작업대, 작업도 구, 작업영역 등을 작업자에게 적합하게 맞춘다(안전보건공단, 2014)

7) 화재, 폭발

가스 누출이나 조리용 식용유의 과열, 조리 중인 음식물의 과열 등으로 인해 화재·폭발이 일어난다. 이러한 화재 발생 유형의 경우 안전한 작업방법은 가스기기를 사용하기 전에 창문을 열어 충분히 환기를 시키고 튀김 등을 조리할 때에는 자리를 이탈하지 않아야 하며 화구의 자연냉각을 방해하지 않도록 화구 위에 지나치게 넓은 조리기구를 놓지 않는다(안전보건공단, 2014)

8) 물질안전보건자료

 조리실에서 청소, 세척 등의 작업을 할 때 취급하는 화학물질을 흡입, 노출, 접촉함으로써 발생하는 재해 형태이다. 장기간 급식실 작업을 할 때 세제 등의 반복사용 및 은 물 접촉으로 습진이나 기타 피부 질환을 유발할 수 있으므로 고무장갑을 착용하여 물 및 세제에 직접적인 접촉을 피하고 작업 후에는 신속히 건조시킨다(안전보건공단, 2018).

 높은 위치의 환풍기나 배기 후드 등을 청소할 때 화학물질이 눈에 들어가거나 청소할 때 화학물질이 작업자 호흡기로 들어갈 위험이 있기 때문에 작업자는 작업 전에 사용하는 화학물질의 인체 유해성 등을 파악하고 작업 종류에 따른 안전화, 안전모, 보안경, 방진 마스크 등 적절한 개인 보호구를 착용해야 한다(안전보건공단, 2014).

 화학물질을 취급하는 근로자의 안전보건을 위하여 물질안전보건자료[6]를 보이는 곳에 게시하고 화학물질이 담긴 용기 등에는 경고 표시해야 한다(안전보건공단, 2018).

---

[6] 물질안전보건자료(MSDS; Material Safety Data Sheet)는 화학물질에 대하여 유해 위험성, 응급조치요령, 취급방법 등 16가지 항목에 대해 상세하게 설명해주는 자료를 말한다.화학물질을 안전하게 사용하고 관리하기 위하여 필요한 정보를 기재한 Sheet. 제조자명, 제품명, 성분과 성질, 취급상의 주의, 적용법규, 사고 시의 응급 처치방법 등이 기입되어 있다. 화학물질 등 안전 Data Sheet라고도 한다.

4 산업재해의 업무상 재해

1) 업무상 재해의 정의

근로자에게 발생한 재해가 「산업재해보상보험법」에 의한 각종 급여를 받으려면 업무와 관련되어야 한다. 업무란 좁게는 근로자 자신이 담당하고 있는 일 그 자체로서 근로계약에 근거한 본래의 담당업무를 말하며, 넓게는 근로자가 담당한 일뿐만 아니라 그 일 자체와 직접적으로 관련되어 있는 모두를 의미한다.

업무상의 재해는 업무와 재해에 의한 손해 사이에 일정한 인과관계가 있어야 하며(업무 기인성), 그 재해는 해당 근로 관계하에 있어서의 것(업무 수행성)이어야 한다.

업무 수행성과 업무 기인성은 이론적인 면에서의 재해의 성립 요건이라기보다 오히려 보상 대상으로서의 기준설정을 위한 실무상의 척도로 활용되고 있다. 산업재해는 2가지의 요건이 결합하여 발생하는데 그 하나는 근로자가 사용자의 지휘·명령 하에서 업무에 종사한다는 것이고 다른 하나는 근로자가 근무하는 기업의 위험성이다.

다시 말하면 사용자가 근로자를 자기의 지휘·명령 하에 두고 또한 기업시설에 위험성이 내재하고 있다는 의미에서 사용자는 산재환자에게 보상책임을 부담하게 되는 것이다. 업무수행성은 전자의 상태를 말하는 개념이고 업무기인성은 후자에 중점을 둔 개념이다. 전통적으로 '업무상' 재해란 업무수행 중에 업무에 기인하여 발생한 재해를 말한다고 정의 되어 왔다.

업무상 재해의 인정기준에서 말하는 '업무'라는 것은 사업주의 지배 관리 하에 근로 계약을 기초로 형성되는 근로자가 본래 행해야 할 담당업무와 근로자의 담당업무에 부수되는 행위, 담당업무의 개시, 수행 또는 계속에 필요한 행위를 말한다.

2) 업무상 재해 여부 판단

종래에는 일반적으로 업무상 사유라고 하면 업무기인성과 업무수행성의 두 가지 요건에 의해 규정된다고 보았다. 즉 보상의 대상이 되는 업무상 재해는 업무와 재해로 인한 상병 사이에 상당한 인과관계가 있어야 하며(업무 기인성), 그 재해는 당해 근로자가 근로계약에 기인하여 사용자의 지휘·명령 하에서 업무를 행하는 중에 발생하여야 한다(업무 수행성)고 이해되었다.

그러나 이러한 엄격한 요건 주의에 대한 비판과「산재보상보험법」의 생활보장기능을 강조하는 입장에서는 심지어 2요건 자체가 무의미하다는 주장이 대두되었다. 이에 따라 현행「산재보상보험법」이 업무수행 중 업무에 기인하여 발생한 재해라는 것을 삭제하고 대신에「산재보상보험법」제3조 제1항에 업무상의 사유에 의한이라고 개정(1981.1217법률 제3467호)한 것은 업무상 재해를 인정함에 있어서 보다 탄력적이고 융통성이 있는 새로운 해석의 가능성을 제시하였던 것이다.

(1) 업무수행성

업무 수행성이란 일반적으로 근로자가 사용자의 지배.관리 아래 업무를 행하는 것을 말한다. 근로자의 상병 등이 업무상으로 인정받기 위해서는 업무기인성이 있어야 하고 업무기인성이 성립되기 위해서는 그 선행 조건으로 업무 수행성이 인정되어야 한다. 업무 수행성이란 근로계약 등에 기초한 담당업무에 종사하고 있는 상태를 말한다.

업무상의 상병 등은 업무 기인성을 요건으로 하고 업무기인성은 업무 수행성을 제1차원적 판단기준으로 하고 있다 업무 수행성은 근로자가 근로관계 하에 있는 것,곧 근로계약에 기인한 사업주의 지배 아래에 있는 것을 의미한다. 업무에는 현실적인 업무수행은 물론, 업무수행에 수반되는 통상적인 활동 과정도 포함된다.

　업무 수행성은 어디까지나 사업주의 지배 아래에 있는 것으로 다시 말하면 사업주에 대한 근로자의 종속상태를 가리킨 기능적 관념에 있기 때문에 사업주의 지배 아래에 있어 업무 수행성이 인정되어도 그사이의 개개행위가 모두 업무 행위가 되는 것은 아니다.

　(2) 업무 기인성
　업무기인성이란 업무수행성과 재해 발생 사이에 인과관계가 있을 것을 말한다. 재해의 발생이 업무 또는 업무 행위를 포함하여 근로자가 근로계약에 기초하여 사업주의 지배 아래에 있으므로 해서 이에 수반하는 위험이 현실화한 것으로 경험법칙상 인정되는 경우에 업무와 재해 간에 인과관계가 있다고 하며, 이를 실무상 업무 기인성이라 한다.

　즉, 업무와 재해 사이에 그 업무에 종사하지 않았더라면 당해 재해는 발생하지 않았을 것이다 라든가, 또는 재해 발생의 원인이 된 상황 아래서 그와 같은 업무에 종사한다면 당해 재해가 발생할 수도 있다고 인정될 때에 업무기인성을 인정한다. 이와 같이 업무기인성은 업무와 재해 간의 상당인과관계가 존재하느냐의 여부를 업무상 재해의 인정 기준으로 삼고 있다.

　상당 인과 관계의 유무의 판단은 보통 평균인이 아니라 당해 근로자의 건강과 신체조건을 기준으로 하여 판단하고 있다. 업무 기인성의 유무와 관련하여 개념을 정리하기가 힘든 부분은 직업성 질병이다. 이 직업병은 단기간 내에 발생 유무를 확인하기가 힘들고 장기간 축적되어 서서히 다른 질병과 복잡하게 관련되어 나타나기 때문에 업무와 질병 간에 인과관계를 입증하기는 어렵다.

산업구조의 변화와 급격한 기술혁신으로 인하여 새로운 직업병이 발생.확장 되지만, 그 인과관계 유무의 판단을 의학적 해명에만 의존한다면 업무기인성이 부정되는 경우가 많을 것이다. 인과관계의 판단은 어디까지나 법률적인 문제이 므로 의학적 인과관계에만 집착하지 말고 재해 보상 제도의 목적에 비추어 노 동 관계상의 여러 가지 사정을 종합하여 구체적 타당성을 기하여야 할 것이다.

5 산업안전보건법 상의 안전 관리 규정

산업안전보건법령은 법률인 「산업안전보건법」, 같은 법 시행령인 「산업안전보건법 시행령」, 3개의 시행규칙인 「산업안전보건법시행규칙」, 「산업안전보건기준에 관한 규칙」, 「유해·위험작업의 취업제한에 관한 규칙」으로 구성되어 있다.

<표 2-1> 산업안전보건법 구성 체계

법률	시행령	시행규칙
「산업안전보건법」	「산업안전보건법시행령」	「산업안전보건법시행규칙」
		「산업안전보건기준에 관한 규칙」
		「유해·위험작업의 취업 제한에 관한 규칙」

우리나라의 대부분 법령들은 법률, 시행령, 시행규칙으로 구성되고 있고, 하부규정은 여러 개의 고시와 훈령, 예규 등으로 구성되어 있다. 산업안전보건법은 이와 달리 시행규칙이 3개로 구성되어 있으며, 하위규정은 업종별 구성된 기술상의 지침과 작업환경 표준 등으로 구성되어 있다.

「산업안전보건법」은 산업 안전 및 보건에 관한 기준을 확립하고 그 책임의 소재를 명확하게 하여 산업재해를 예방하고 쾌적한 작업환경을 조성함으로써 노무를 제공하는 사람의 안전 및 보건을 유지·증진함을 목적으로 한다.

<개정 2020. 5. 26.>

「산업안전보건법 시행령」은 「산업안전보건법」의 위임된 사항과 그 시행에 필요한 사항을 규정함을 목적으로 한다. 「산업안전보건법시행규칙」은 「산업안전보건법」 및 동일법 시행령에서 위임된 사항과 그 시행에 필요한 사항을 규정함을 목적으로 한다. 법률과 시행령 시행규칙을 위반한 경우 국내에서는 형사 처분 대상이 될 수 있으며, 하부규정을 위반 할 경우 행정관청에서 과태료 처분을 받을 수 있다.

1) 안전관리자

「산업안전보건법」 제17조(안전관리자)에 의하면 사업주는 사업주 또는 안전보건관리책임자를 보좌하고 관리감독자에게 지도・조언하는 업무를 수행하는 사람(이하 "안전관리자"라 한다)을 두어야 한다고 규정하고 있다. 안전관리자를 두어야 하는 사업의 종류와 사업장의 상시 근로자 수, 안전관리자의 수・자격・업무・권한・선임방법, 그 밖에 필요한 사항은 대통령령으로 정한다. 대통령령으로 정하는 사업의 종류 및 사업장의 상시 근로자 수에 해당하는 사업장의 사업주는 안전관리자에게 그 업무만을 전담하도록 하여야 한다. ,최소한 상시 50인 이상의 근로자를 사용하는 사업장에서는 일정한 자격을 구비한 사람 중에서 안전관리자를 선임해야 한다.

고용노동부장관은 산업재해 예방을 위하여 필요한 경우로서 고용노동부령으로 정하는 사유에 해당하는 경우에는 사업주에게 안전관리자를 제2항에 따라 대통령령으로 정하는 수 이상으로 늘리거나 교체할 것을 명할 수 있다.

대통령령으로 정하는 사업의 종류 및 사업장의 상시근로자 수에 해당하는 사업장의 사업주는 제21조에 따라 지정받은 안전관리 업무를 전문적으로 수행하는 기관(이하 "안전관리전문기관"이라 한다)에 안전관리자의 업무를 위탁할 수 있다. <개정 2021. 5. 18.>

안전관리자가 담당하는 직무는 다음과 같다.

① 유해·위험기계, 기구의 방호장치, 유해 또는 위험한 기계, 기구 및 설비, 안전에 관련되는 보호구의 구입 시 적격품 선정
② 안전교육 계획의 수립 및 실시
③ 사업장 순회점검·지도 및 조치의 건의
④ 산업재해 발생의 원인조사 및 재발방지를 위한 기술적 지도·조언
⑤ 산업재해에 관한 통계의 유지·관리를 위한 지도·조언
⑥ 법 또는 법에 의한 명령이나 안전보건관리규정 및 취업 규칙 중 안전에 관한 사항을 위반한 근로자에 대한 조치의 건의
⑦ 기타 안전에 관한 사항으로서 노동부 장관이 정하는 사항 등이다.

국내 산업재해 발생 현황은 대기업 보다는 소규모 사업장에서 재해 발생 빈도가 높게 나타나고 있다. 그러나 상대적으로 대기업 보다는 소규모 사업장 50인 미만에 서의 안전관리 상태가 미비하고, 안전 관리자 선임의무 대상에서 제외됨에 따라 안전의식의 결여 등에 의한 재해 발생으로 이어지는 구조로 되어 있는 문제점을 드러내고 있다.

2) 보건관리자

「산업안전보건법」 제18조(보건관리자)에 의하면 사업주는 사업장에 제15조제1항 각 호의 사항 중 보건에 관한 기술적인 사항에 관하여 사업주 또는 안전보건관리책임자를 보좌하고 관리감독자에게 지도·조언하는 업무를 수행하는 사람(이하 "보건관리자"라 한다)을 두어야 한다.

보건관리자를 두어야 하는 사업의 종류와 사업장의 상시 근로자 수, 보건관리자의 수·자격·업무·권한·선임 방법, 그 밖에 필요한 사항은 대통령령으로 정한다. 대통령령으로 정하는 사업의 종류 및 사업장의 상시 근로자 수에 해당하는 사업장의 사업주는 보건 관리자에게 그 업무만을 전담하도록 하여야

한다. <신설 2021. 5. 18.>

고용노동부장관은 산업재해 예방을 위하여 필요한 경우로서 고용노동부령으로 정하는 사유에 해당하는 경우에는 사업주에게 보건관리자를 제2항에 따라 대통령령으로 정하는 수 이상으로 늘리거나 교체할 것을 명할 수 있다. <개정 2021. 5. 18.> 대통령령으로 정하는 사업의 종류 및 사업장의 상시근로자 수에 해당하는 사업장의 사업주는 제21조에 따라 지정받은 보건관리 업무를 전문적으로 수행하는 기관(이하 "보건관리전문기관"이라 한다)에 보건관리자의 업무를 위탁할 수 있다. <개정 2021. 5. 18.>

3) 안전보건관리담당자

「산업안전보건법」 제19조(안전보건관리담당자)에 의하면 사업주는 사업장에 안전 및 보건에 관하여 사업주를 보좌하고 관리감독자에게 지도·조언하는 업무를 수행하는 사람(이하 "안전보건관리담당자"라 한다)을 두어야 한다. 다만, 안전관리자 또는 보건관리자가 있거나 이를 두어야 하는 경우에는 그러하지 아니하다. 안전보건관리담당자를 두어야 하는 사업의 종류와 사업장의 상시근로자 수, 안전보건관리담당자의 수·자격·업무·권한·선임방법, 그 밖에 필요한 사항은 대통령령으로 정한다.

고용노동부장관은 산업재해 예방을 위하여 필요한 경우로서 고용노동부령으로 정하는 사유에 해당하는 경우에는 사업주에게 안전보건관리담당자를 제2항에 따라 대통령령으로 정하는 수 이상으로 늘리거나 교체할 것을 명할 수 있다.

일반적으로 상시 근로자가 20명 이상 50명 미만인 제조업, 임업, 하수·폐기물처리, 원료재생 및 환경복원업 사업장에서는 안전보건관리담당자를 선임하여야 한다. 안전보건관리담당자 주요 업무는 안전보건교육 실시, 위험성 평가, 작업환경측정 및 개선, 건강진단, 산업재해 발생의 원인조사 및 통계 기록, 산업안전·보건과 관련된 안전장치 및 보호구 구입 시 적격품을 선정하는 역할을 한다.

안전보건관리담당자는 자격 요건은 안전·보건관리 전문기관을 통해 전문가를 선임할 수 있으며, 혹은 안전·보건관리 교육을 이수하여 자격을 갖춘 사람을 자체 선임할 수 있다.

안전보건관리담당자 자격을 갖추기 위해서는 5시간의 온라인 선행학습과 11시간의 집체교육을 수료하셔야 한다. 최근에는 코로나19의 유행으로 인해 집체교육이 일시 중지되어 온라인 선행학습을 이수 시 한시적으로 선임 자격을 부여하고 있다.

대통령령으로 정하는 사업의 종류 및 사업장의 상시근로자 수에 해당하는 사업장의 사업주는 안전관리 전문기관 또는 보건관리 전문기관에 안전보건관리담당자의 업무를 위탁할 수 있다.

5 안전사고의 발생 원리

가. 정의

안전사고는 위험이 발생할 수 있는 장소에서 안전 교육의 미비, 안전 수칙 위반, 부주의 등으로 발생하는 사람 또는 재산 피해를 주는 사고를 말한다. 안전사고는 반드시 안전 교육의 미비, 안전 수칙 위반, 부주의 등과 같은 원인이 있어야 일어난다. 따라서 안전사고는 사람의 불안전한 행동과 불안전한 상태만 제거되면, 사고는 발생하지 않고 피해도 발생하지 않는다고 할 수 있다. 그러나 아무리 안전을 위한 법령이나 규칙이 정비되어 있어도 사람이 그것을 지키지 않으면 사고가 일어날 수밖에 없다.

나. 안전사고를 발생시키는 요인

안전사고를 일으키는 요인에는 인적요인, 물적요인, 환경요인이 있다.

1) 인적요인

① 인적요인은 사람으로 인해 안전사고가 생기는 것을 말한다. 인적요인은 인간의 불안전한 행동 요인과 불안전한 개인적 요인으로 나눌 수 있다.
- 인간의 불안전한 행동 요인은 금지된 사항을 위반하여 행동으로 나타나는 원하지 않은 행동을 말한다. 예를 들면 경고 무시, 안전 지시 무시, 감독 불철저, 위험 장소의 접근, 장난, 잡담, 집중력 및 주의력 부족, 안전 장비 미착용 등이 여기에 속한다.
- 사람으로 인해 생기는 안전사고는 인적요인을 미리 예방하거나 제거하면 사고를 효율적으로 예방할 수 있다.

② 물적요인
① 물적요인은 사람들 둘러싸고 있는 물적인 요소들에 의해서 안전사고가 생기는 것을 말한다.
- 물적요인은 시설 상의 불안전한 상태를 말하는데, 인간이 활동하는 데 직간접적으로 관계되는 여러 가지 기기, 시설, 기구, 도구 등의 물적요인으로 가해물의 위험한 배열, 주방 등의 시설물의 상태 결함 말한다.
- 물적요인으로 인해 생기는 안전사고는 물적요인을 미리 규칙에 맞도록 운영하며, 미리 위험요인들을 제거하면 사고를 효율적으로 예방할 수 있다.

③ 환경요인
- 불안전한 각종의 물리적. 화학적 요인을 말한다.
- 건축물이나 공작물의 부적절한 설계, 통로의 협소, 채광 . 조명 . 환기 시설의 부적당, 불안전한 복장, 고열, 먼지, 소음, 진동, 가스 누출, 누전 등을 들 수 있다환
- 환경요인으로 인해 생기는 안전사고는 사고를 일으키는 환경에 대비하여 준비하고, 미리 위험요인들을 제거하면 사고를 효율적으로 예방할 수 있다.

7 산업재해

가. 정의

산업재해란 노동 과정에서 업무상 일어난 사고 또는 직업병으로 말미암아 근로자가 받는 신체적·정신적 장애를 말한다. 산업은 사람들이 경제적으로 풍요롭게 살기 위하여 재화나 서비스를 생산하는 활동으로, 산업 활동을 수행하는데 각각의 특성에 따라 안전이 요구된다.

산업재해는 주로 당사자의 과로나 기기 상태의 불안정 등으로 인해 발생하지만, 부수적으로 완벽한 환경에서도 노동자의 부주의로 인해 발생하기도 한다. 우리나라에서는 산업 현장에서 일하는 근로자의 안전과 보건을 유지·증진하는 것을 목적으로 「산업안전보건법」을 제정하여 시행하고 있다.

나. 산업재해의 원인

산업재해의 원인에는 여러 가지가 있는데 재해는 한 가지 원인으로 발생하는 것이 아니라 여러 가지 원인이 복합적으로 발생한다.

산업재해의 발생 원인은 사고요인에 직접적으로 관련되는 직접원인과 간접적으로 관련되는 간접원인으로 구분할 수 있다.

1) 직접원인

산업재해의 직접적인 원인을 제공하는 요인을 직접원인이라고 한다. 여기에는 물적요인과 인적요인이 있다.

<표 11-1> 산업재해의 직접원인

구분	내용
물적요인	• 근로자가 사용하는 설비, 기계의 이상 작동 • 안전 보호구, 조명 등의 결함 • 작업 장소의 결함 • 생산 공정의 결함
인적요인	• 근로자의 체력약화, 피로, 스트레스, 졸음 등의 생리적 요인 • 근로자의 지능, 지식, 성격 등의 정신적 요인 • 근로자의 작업상의 부주의나 실수 • 근로자의 직업상의 숙련 미숙

2) 간접원인

산업재해의 간접적인 원인을 제공하는 요인을 간접원인이라고 한다. 여기에는 교육적 원인, 직업 관리적 원인, 환경적 원인 등이 있다.

<표 11-2> 산업재해의 간접원인

구분	내용
교육적 원인	• 안전교육의 부족이나 미 실시로 인하여 안전의식 부족 • 안전에 관한 지식 부족 • 경험과 훈련 부족 • 안전의식의 부족
작업 관리적 원인	• 사업주의 안전에 대한 관리 소홀 • 안전관리 지침 결함 • 작업 준비 불충분 • 인원배치 부적당 • 무리한 작업 지시
환경적 원인	• 작업장 내의 유해물질 • 작업 환경의 부적설성

8 매장 내 안전사고의 종류

매장 내 안전사고는 불안전한 상태의 사고와 불안전한 행동에 의한 사고로 나눌 수 있다.

가. 불안전한 상태의 사고

사고의 직접 원인이 기계 설비의 불안전한 상태로 인해 발생하는 사고를 말한다. 불안전한 행동이 인적 결함을 나타내는 데 비해 불안전한 상태는 일반적으로 물적 결함으로 인해 나타낸다.

나. 불안전한 행동에 의한 사고

불안전한 행동에 의한 사고는 사고의 직접 원인이 근로자의 불안전한 행동을 생기는 사고를 말한다.

<표 1-3> 불안전한 행동에 의한 사고

구분	세부 내용
기계 기구 잘못 사용	기계 기구의 잘못 사용
	필요 기구 미사용
	미비된 기구의 사용
운전 중인 기계 장치 손실	운전 중인 기계 장치의 주유, 수리, 용접 점검 및 청소
	통전 중인 전기 장치의 주유, 수리 및 청소 등
	가압, 가열, 위험물과 관련되는 용기 또는 물의 수리 및 청소

불안전한 속도 조작	기계 장치의 과속
	기계 장치의 저속
	기타 불필요한 조작
유해·위험물 취급 부주의	화기, 가연물, 폭발물, 압력용기, 중량물 등 취급 시 안전 조치 미비
불안전한 상태 방치	기계 장치 등의 운전 중 방치
	기계 장치 등의 불안전한 상태 방치
	적재, 청소 등 정리정돈 불량
유해·위험물 취급 부주의	화기, 가연물, 폭발물, 압력용기, 중량물 등 취급 시 안전 조치 미비
추락	사람이 건축물, 기계, 사다리, 계단, 경사면, 나무 등에서 떨어지는 것
충돌	사람이 정지물에 부딪친 경우
낙하 및 비래	물건이 떨어지거나 날아와서 맞은 경우
붕괴 및 도괴	적재물, 비계, 건축물 등이 무너진 경우
넘어짐	사람이 미끄러지거나 넘어지는 것
협착	기계 설비에 끼이거나 감김
뒤집힘	물체의 쓰러짐이나 뒤집힘
파열	용기 또는 장치가 물리적인 압력에 의해 파열한 경우
화재	뜻하지 않는 불에 의한 재해
무리한 동작	무거운 물건을 들다가 허리를 삐거나, 무리한 자세로 상해를 입은 경우
감독 및 연락 불충분	감독 없음
	작업 지시 불철저
	경보 오인
	연락 미비

9 안전 보호 장비

가. 정의

보호 장비는 재해나 건강장해를 방지하기 위한 목적으로, 작업자가 착용하여 작업을 하는 기구나 장치를 말한다.

나. 안전 보호 장비의 조건

① 작업 시 안전 장비에 대한 올바른 선택과 착용은 상해 예방에 필수적이다.
② 안전 장비는 작업자의 보호(건강과 안전)를 위한 측면에서 항상 결정해야 한다.
③ 장비의 색상, 외양, 스타일에 대한 관심도 가져야 하지만 무엇보다 상해를 방지할 수 있는 장비의 성능이 좋아야 한다.
④ 안전 기준과 성능에 대한 근원적인 문제가 없어야 한다.

다. 보호 장비의 종류

1) 안전모

안전모는 산업 현장에서 떨어지는 낙하물이나 추락으로부터 머리를 보호하기 위해 머리에 쓰는 모자를 말한다.

2) 안전대

안전대는 작업장에서 작업 자세를 유지하고, 추락을 방지하거나 작업을 제한하기 위해서 착용하는 것을 말한다. 안전을 위해서 안전대는 크게 신체를 지지하는 요소와 구조물 등 걸이 설비에 연결하는 요소로 구성된다. 신체를 지지하는 요소는 벨트와 안전 그네 방식으로 구분되며, 요즘은 상체식 형태도 유통되고 있다.

3) 안전화

안전화는 근로자가 작업을 할 때 미끄러지지 않고, 발등에 무거운 것이 떨어졌을 때 발을 보호하기 위해서 신는 신발을 말한다.

4) 차광보안경

눈에 해로운 자외선, 가시광선, 적외선이 발생하는 장소에서 유해 광선으로부터 눈을 보호하기 위한 수단으로 사용하는 안경을 말한다. 차광보안경은 아크 용접, 가스 용접, 열 절단, 용광로, 주변 작업 및 기타 유해 광선이 발생하는 작업에 사용한다.

5) 방음보호구(귀마개, 귀덮개)

방음보호구는 작업장의 소음으로부터 귀를 보호하기 위해 쓰는 귀마개를 말한다. 귀마개는 작업의 수준, 작업내용, 소음의 정도, 개인의 상태에 따라 적합한 보호구를 골라서 착용해야 한다. 귀마개는 오염되지 않도록 보관 및 사용, 특히 귀마개 착용 시는 더러운 손으로 만지거나 이물질이 귀에 들어가지 않도록 주의한다.

6) 호흡용 보호구

호흡용 보호구는 유해한 먼지나 가스로부터 안전한 호흡을 하기 위해 호흡을 보호하는 보호구를 말한다. 호흡용 보호구는 유해한 분진, 흄 등의 입자상 물질에 대해서는 방진 마스크가 사용되며, 가스상 물질에는 방독마스크가 사용된다.

10 안전교육

가. 정의

안전교육은 사고를 미연에 방지하고 갑자기 일어날 수 있는 재해나 사고로부터 자신의 신체를 보호하기 위한 지식 및 기술을 습득하는 교육을 말한다. 즉 안전교육은 교육이라는 수단으로 일상생활에서 개인 안전, 집단안전에 필요한 지식, 기능, 태도 등을 이해시키고, 자신과 타인의 생명을 존중하며 안전하고 건강한 생활을 영위할 수 있는 습관을 형성시키는 활동이라고 할 수 있다.

결국 안전 교육이란 안전을 위협하는 여러 요소로부터 건강한 생활을 유지하기 위한 적극적인 방법으로써 사고의 위험을 사전에 방지하여 사고율을 낮추고, 사고에 대한 대책을 마련하여 그 피해를 줄이기 위한 방법을 주된 내용으로 하는 교육을 의미한다.

나. 안전교육의 목적

안전교육의 궁극적인 목적은 인간 생명의 존엄성을 바탕으로 하여 일상생활에 있어서 안전을 위해 필요한 요소들을 이해하고, 자신과 타인의 생명을 존중하며 안전한 생활을 영위할 수 있는 태도와 위험한 사태에서 적절한 대처 능력을 기르는 것이다.

① 각종 재난의 예방을 목적으로 하는 안전의식 내면화 및 행동의 습관화를 정착시킨다.

② 안전을 위해 필요한 요소들을 이해하고, 자신과 타인의 생명을 존중하며 안전하게 행동할 수 있는 태도와 능력을 기른다.

③ 잠재된 위험을 예측하며 항상 안전을 확인하고 올바른 판단하에서 안전하게 행동할 수 있는 태도와 능력을 기른다.

④ 자신과 타인의 생명을 존중하고 학교생활과 가정생활 및 사회생활의 안전에 도움이 될 수 있는 태도와 능력을 기른다.
⑤ 예상치 못한 위험한 사태에도 적절히 대처할 수 있는 태도와 능력을 키운다.

다. 안전교육의 방향

안전교육이 효과를 보기 위해서는 다음과 같은 방향으로 진행되어야 한다.

① 학습자들이 일상생활 속에서 스스로의 안전을 도모할 수 있는 바른 습관을 기르고 생명 존중의 가치관을 형성하도록 해야 한다.
② 안전교육은 일회성 및 맹목적이 아니라 집중적이며 지속적으로 이루어져야 한다.
③ 학습자의 발달 단계에 따라 교육이 이루어져야 한다.
④ 안전사고는 장소나 때에 따라 다르기 때문에 다양한 상황에 맞는 구체적인 안전교육을 해야 한다.
⑤ 안전교육은 이론적인 것이 아니라 현장에서 활용할 수 있도록 학습자들이 실제로 피부에 와 닿는 주제로 실시해야 한다.
⑥ 안전교육은 학교나 사회에서만 할 것이 아니라 가정과 연계해서 가정에서도 안전교육이 이루어지도록 해야 한다.

11 응급조치

가. 정의

응급조치란 응급환자를 보다 나은 병원 치료받을 때까지 일시적으로 도와주는 것일 뿐만 아니라 정규적, 본격적 치료는 아닐지라도 적절한 조치로 회복상태에 이르도록 하는 것을 말한다. 응급조치에는 응급환자에게 행하여지는 기도의 확보, 심장박동의 회복, 기타 생명의 위험이나 증상의 현저한 악화를 방지하기 위하여 긴급히 필요로 하는 조치를 말한다. 응급상황에서 전문적인 치료를 받을 수 있도록 119에 연락하는 것부터 부상이나 질병에 대한 피해를 될 수 있는 한 최소화하려는 일시적이나 매우 중요한 조치가 응급조치이다.

나. 응급조치의 필요성

응급조치는 사람의 삶과 죽음을 좌우하며 회복 기간에도 영향을 미치게 된다. 응급상황에 대처하는 조치자의 신속·정확한 행동 여부에 따라서 환자의 삶과 죽음이 좌우되기도 한다. 응급조치는 일반적으로 타인에게 실시하는 것이지만 상대가 본인이나 가족의 경우는 자신을 위한 일이 된다. 이처럼 응급상황을 인지하고 조치할 수 있다면 삶의 질을 향상시킬 수 있다.

다. 응급상황 시 행동 요령

응급상황 시 행동 요령은 다음과 같다.

1) 현장 조사(Check)
   ① 현장은 안전한가?
   ② 무슨 일이 일어났는가?
   ③ 얼마나 많은 사람이 다쳤는가?
   ④ 환자 주위에 긴박한 위험이 존재하는가?
   ⑤ 우리를 도울 수 있는 다른 사람이 있는가?
   ⑥ 환자의 문제점은 무엇인가?

② 119신고(Call)
   ① 전화 거는 사람의 이름
   ② 무슨 일이 일어났는지?
   ③ 사고의 발생 장소는 어디인가?
   ④ 얼마나 많은 사람이 다쳤는지?
   ⑤ 환자의 부상 상태는 어떠한지?
   ⑥ 응급상황이 발생한 정확한 장소
   구급차가 도착하기 전까지는 119로부터 부상자에 대한 도움을 받을 수도 있으므로 전화를 곁에 두고 잘 받는다.

③ 조치 및 도움(Care)
   ① 신분을 밝히고 동의를 구한다.
   ② 환자를 안심시킨다.
   ③ 편안한 자세를 취하게 한다.
   ④ 환자의 호흡과 의식을 확인한다.
   ⑤ 2차 손상을 주의한다.

12 매장 안전 관리

가. 매장 안전 관리

1) 전기 안전 상태를 점검

① 전선이 산화성 물질, 날카로운 모서리 또는 고열 물질 등에 노출되지 않도록 사전 점검한다.
② 전원을 넣고 뽑을 때는 전원 플러그를 잡고 사용한다.
③ 피복의 손상 여부를 확인한다.
④ 전기 제품을 건조한 곳에 놓고 항상 건조 상태를 유지한다.
⑤ 허용된 정격 전압과 용량(110/220V)을 확인 후 사용한다.
⑥ 물청소 시 전기 제품에 물기가 스며들지 않도록 유의한다.
⑦ 사용한 전기 제품은 스위치를 끄고, 전원 플러그를 뽑아야 한다.
⑧ 전기 안전 점검일지를 작성한다.

2) 소방시설 및 안전 점검

① 소화기 사용 방법을 숙지한다.
② 소방호수전 사용 방법을 숙지한다.
③ 매장의 소방 설비 작동 요령을 숙지한다.
④ 비상 방송설비, 피난 계단, 유도 등의 위치 및 작동을 점검한다.

3) 매장의 안전 상태를 확인

① 부주의로 인한 안전사고 발생 요인 점검
② 시설물 결함에 의한 사고 발생 요인 점검

③ 카트로 인한 사고 발생 요인 점검
④ 보행 안전사고 발생 요인 점검
⑤ 화상 사고 발생 요인 점검
⑥ 출입문 사고 발생 요인 점검

나. 조리장 안전 관리

1) 정리정돈

① 작업 전에 작업장 주위의 통로와 작업장을 청소한다.
② 사용한 장비와 도구는 보관 장소에 정리해 둔다.
③ 식자재는 사용 시기와 용도에 따라 구분하여 정리한다.

2) 가스레인지

① 노후화 등 부적합한 가스관 사용 시 가스 누출로 인한 화재·폭발 등의 사고 위험이 있다.
② 중간밸브가 손상되면 가스누설의 위험이 있다.
③ 조리 작업장 바닥에 가스관이 부적합하게 설치되었을 때 작업자의 발이 가스관에 걸리는 전도 사고가 발생하고, 가스레인지가 작업장 바닥으로 떨어져 화재·폭발 등의 사고가 발생한다.
④ 조리도구를 가스레인지에 올리거나 내릴 때 가스레인지와의 충돌사고로 인하여 조리도구 및 가스레인지가 파손될 수 있다.
⑤ 가스레인지 밸브를 개방상태로 장시간 방치 시 가스누출사고의 위험이 있다.

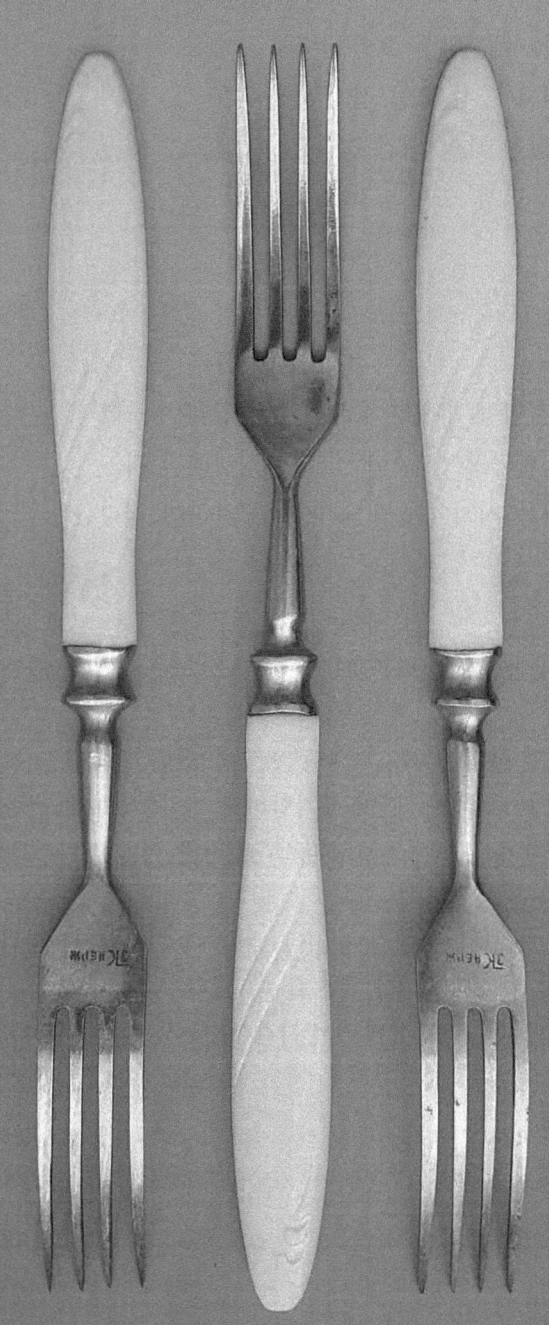

제2장

식품위생법

1 식품 위생법의 정의

식품 위생법은 음식물의 안전성과 위생성을 보장하기 위해 정부나 국가 단위에서 시행하는 법률이다. 이 법은 식품의 생산, 가공, 유통, 판매, 소비 등과 관련된 모든 단계에서 적용되며, 소비자의 건강을 보호하고 음식물로 인한 질병이나 건강 문제를 예방하기 위해 필요한 규제와 지침을 제공한다.

식품 위생법은 음식물의 제조 및 가공 과정에서의 안전한 조리 및 보관 방법, 원료의 선별과 보관, 식품 접촉 재료의 사용 등을 규제하며, 식품 업체나 시설에 대한 검사, 감독, 규제를 통해 위반 사례를 방지하고 관련 벌칙을 정한다. 이를 통해 식품 안전과 소비자 보호를 강화하고 공중보건을 유지하는 것이 목적이다.

식품 위생법의 주요 내용은 다음과 같다.

- 식품의 정의: 모든 음식물을 말하며, 의약으로서 섭취하는 것은 제외
- 식품 영양의 관리: 식품의 영양 성분 함량 기준 등을 정하고, 영양정보 제공을 의무화
- 식품첨가물의 관리: 식품첨가물의 사용 기준 및 안전성 관리
- 식품 기구 및 용기·포장의 관리: 식품과 접촉하는 기구, 용기 및 포장의 위생 관리
- 식품 표시·광고의 관리: 식품의 표시 및 광고 내용에 대한 규정
- 식품 영업의 관리: 식품 영업 시설 및 종사자에 대한 위생 관리
- 식품 검사 및 안전 관리: 식품의 안전성을 확보하기 위한 검사 및 관리
- 벌칙: 식품 위생법 위반 시 부과되는 벌칙

2 식품 위생법 시행령의 정의

식품 위생법 시행령은 식품 위생법의 구체적인 내용과 규정을 실질적으로 시행하기 위해 제정되는 법규이다. 일반적으로 식품 위생법은 원칙적인 법률이고, 시행령은 그를 구체화하고 세부적으로 명시하여 어떻게 시행될 것인지를 규정한다.

시행령에는 식품의 제조, 가공, 판매, 유통, 수입 등에 대한 세부적인 요구사항과 절차, 허가 및 신고사항, 위반 시의 처벌 등이 포함된다. 또한 식품 관련 시설의 건축 및 설비 규격, 위생 조치에 대한 세부 지침, 식품 관련 업체나 종사자의 업무 규정 등을 다루기도 한다.

요약하면, 식품 위생법 시행령은 식품 위생법의 구체적인 이행을 위해 만들어진 세부 규정이며, 법률의 실질적인 시행을 위한 세부 사항을 명시한다.

식품 위생법 시행령의 주요 내용은 다음과 같다.

- 식품의 기준 및 규격: 식품의 품질 기준, 첨가물 사용 기준, 식품공전 등을 정함
- 식품 영업의 허가 및 관리: 식품 영업 시설 및 종사자에 대한 허가 및 관리 기준을 정함
- 식품의 위생 관리: 식품 제조, 가공, 유통, 판매 과정의 위생 관리 기준을 정함
- 식품의 표시 및 광고: 식품의 표시 및 광고 내용에 대한 규정을 세부적으로 정함
- 식품 검사: 식품의 안전성을 확보하기 위한 검사 방법 및 기준을 정함
- 벌칙: 식품 위생법 시행령 위반 시 부과되는 벌칙을 정함

3 식품 위생법의 제정 목적

식품 위생법의 제정 목적은 다음과 같다.

- 소비자 보호: 식품 위생법은 소비자들이 안전하고 위생적인 식품을 소비할 수 있도록 보호한다. 이는 식품에 관련된 질병이나 건강 문제의 발생을 예방하고, 소비자의 건강과 안전을 유지하는 데 도움이 된다.
- 공중 보건: 식품 위생법은 공중 보건을 유지하고 개선하기 위해 식품의 안전성을 증진시킨다. 식품으로 인한 질병의 확산을 방지하고, 대중의 건강을 보호하는 것이 중요한 목표이다.
- 식품 산업 규제: 식품 위생법은 식품 산업의 활동을 규제하여 안전한 생산 및 가공 과정을 유지한다. 이는 식품 제조업체 및 가공업체가 표준을 준수하고, 식품을 안전하게 생산하고 유통할 수 있도록 돕는다.
- 국제 규정 준수: 많은 국가들이 식품 위생에 관한 국제적인 규정을 준수하고 있다. 식품 위생법은 이러한 국제적인 표준과 규정을 준수하고 국제적인 식품 무역에서도 적합성을 유지하기 위해 제정되었다.

이렇게 식품 위생법이 제정되는 주요 목적은 소비자 보호, 공중 보건 강화, 식품 산업 규제, 그리고 국제적인 규정 준수 등이 있다.

4 식품 위생법의 용어 정의

① 식품 : 모든 음식물을 말한다. 단 의약으로서 섭취하는 것은 제외한다.
② 식품첨가물 : 식품을 제조, 가공 또는 보존함에 있어 식품에 첨가, 혼합, 침윤 기타의 방법으로 사용되는 물질을 말한다.
③ 화학적 합성품 : 화학적 수단에 의하여 원소 또는 화합물에 분해반응 외의 화학반응을 일으켜 얻은 물질을 말한다.
④ 기구 : 음식기와 식품 또는 식품첨가물의 채취, 제조, 가공, 저장, 운반, 조리, 진열, 수수, 또는 섭취에 사용되는 것으로서 식품 또는 식품첨가물에 직접 접촉되는 기계, 기구 기타의 물건을 말한다. 다만, 농업 및 수산업에 있어서 식품의 채취에 사용되는 기계, 기구 기타의 물건은 제외한다.
⑤ 용기, 포장 : 식품 또는 식품첨가물을 넣거나 싸는 물품으로서 식품 또는 첨가물을 수수할 때 함께 인도되는 물품을 말한다.
⑥ 표시 : 식품, 첨가물, 기구 또는 용기, 포장에 기재하는 문자, 숫자 또는 도형을 말한다.
⑦ 영업 : 식품 또는 첨가물을 채취, 제조, 가공, 수입, 조리, 저장, 운반 또는 판매하거나 기구 또는 용기, 포장을 제조, 수입, 운반, 판매하는 업을 말한다. 다만, 농업 및 수산업에 속하는 식품의 채취업은 제외한다.
⑧ 식품위생 : 식품, 식품첨가물, 기구 또는 용기, 포장을 대상으로 하는 음식에 관한 위생을 말한다.
⑨ 집단급식소 : 영리를 목적으로 하지 않고 계속적으로 특정 다수인에게 음식물을 공급하는 기숙사, 학교 병원 기타 후생 기관 등의 급식 시설로서 대통령령이 정하는 것을 말한다.

5 위해 식품 등의 판매 등 금지

식품 위생법에서는 다음과 같이 위해 식품 판매 금지를 하고 있다.

① 썩었거나 상하였거나 설익은 것으로서 인체의 건강을 해할 우려가 있는 것
② 유독, 유해 물질이 들어 있거나 묻어 있는 것 또는 그 염려가 있는 것. 다만, 인체의 건강을 해할 우려가 없다고 보건복지부 장관이 인정하는 것은 예외로 함
③ 병원 미생물에 의하여 오염되었거나 그 염려가 있어 인체의 건강을 해할 우려가 있는 것
④ 불결하거나 다른 물질의 혼입 또는 첨가 기타의 사유로 인체의 건강을 해할 우려가 있는 것
⑤ 영업 허가를 받아야 하는 경우, 또는 신고를 해야 하는 경우에 신고하지 아니한 자가 제조, 가공한 것
⑥ 품목 제조 허가를 받아야 하는 경우 또는 품목 제조 신고를 하는 경우에 그 허가를 받지 아니하거나 신고를 하지 아니하고 제조한 것
⑦ 수입이 금지된 것 또는 규정에 의하여 수입신고를 해야 하는 경우에 신고하지 않고 수입한 것.
⑧ 음용에 제공할 목적으로 규정에 의하여 허가를 받은 것 외의 지하수, 지표수 등의 물을 용기에 넣은 것
⑨ 병육(病肉) 등의 판매 금지 : 보건복지부령이 정하는 질병에 걸렸거나 그 염려가 있는 동물 또는 그 질병으로 인하여 동물의 고기, 뼈, 젖, 장기 또는 혈액은 이를 식품으로 판매하거나 판매할 목적으로 채취, 수입, 가공, 사용, 조리, 저장 또는 운반하거나 진열하지 못한다.

6 검사

가. 제품검사

① 보건복지부 장관은 판매를 목적으로 하는 식품 등의 제품 중 대통령령이 정하는 것에 대하여 제품검사를 실시하여야 한다.

② 제품검사를 하여야 하는 식품, 인삼 제품류와 건강 보조식품, 식품첨가물 중 타르(tar)색소, 타르색소 제제, 보존료, 보존료 제제 및 기타 보건복지부 장관이 국민 보건을 위하여 필요하다고 인정하여, 검사를 받도록 정한 품목으로 한다.

③ 제품검사는 보건복지부 장관이 지정하는 식품위생 검사기관에서 실시한다. 국립보건원, 시.도 보건 환경연구원, 국립검역소, 국립수산물 검사소(수산물의 검사에 한정)

나. 식품위생 감시원

① 관계 공무원의 직무 기타 식품위생에 관한 지도 등을 행하기 위하여 보건복지부, 특별시, 광역시. 도 또는 시. 군. 구에 식품위생 감시원을 둔다.

② 식품위생 감시원의 직무
- 식품, 식품첨가물, 기구 및 용기 포장의 위생적 취급 기준의 이행지도
- 수입, 판매 또는 사용 등이 금지된 식품, 첨가물, 기구 및 용기, 포장의 취급 여부에 관한 단속
- 표시기준 또는 과대광고 금지의 위반 여부에 관한 단속
- 출입 및 검사에 필요한 식품 등의 수거
- 시설 기준의 적합 여부의 확인, 검사
- 영업자 및 종업원의 건강 진단 및 위생교육의 이행 여부의 확인, 지도

- 식품위생 관리인, 조리사, 영양사의 법령 준수사항 이행 여부의 확인, 지도
- 행정처분의 이행 여부 확인
- 식품, 식품첨가물, 기구 및 용기. 포장의 압류, 폐기 등.
- 영업소의 폐쇄를 위한 간판 제거 등의 조치
- 기타 영업자의 법령 이행 여부에 관한 확인, 지도

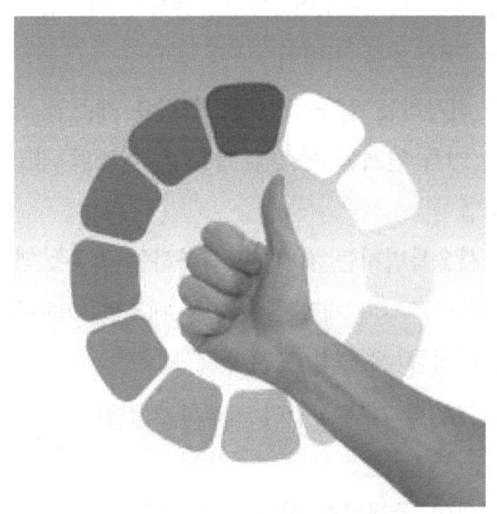

7 영업

가. 영업의 허가

① 보건복지부 장관이 허가하는 업종 : 인스턴트 면류 제조업, 청량음료 제조업, 광천음료 제조업, 건강 보조식품 제조업, 특수영양식품 제조업, 인삼 제품 제조 가공업, 첨가물 제조업, 식품조사 처리업

② 광역시장, 도지사가 허가하는 업종 : 아이스크림류 제조업, 유가공품 제조업, 식육 제품 제조 가공업, 어육 연제품 제조업, 통조림, 병조림 제조업, 두부류 제조업, 인스턴트식품 제조업

③ 시장, 군수, 구청장(서울특별시는 제외)이 허가하는 업종 : 과자류 제조업, 당류 제조업, 절임 식품 제조업, 김치 제조업, 건포류 제조업, 식용유지 제조업, 면류 제조업(라면 제외), 조미식품 제조업, 도시락

④ 서울특별시의 경우는 보건복지부 장관이 허용하는 영업 이외의 것은 모두 구청장이 허가한다.

⑤ 주류는 주세법에 의하여 국세청의 허가를 받는다.

나. 건강진단

영업자와 종업원은 건강 진단을 받아야 한다. 다만 완전 포장된 식품 또는 식품첨가물을 운반 또는 판매하는 종사자는 제외한다.

다. 영업에 종사하지 못하는 질병
   ① 제1종 전염병 중 소화기계 질환
   ② 제3종 전염병 중 결핵(비전염성은 제외)
   ③ 피부병 기타 화농성질환
   ④ 비형간염 (비활동성은 제외)
   ⑤ 후천성 면역 결핍증

라. 유흥종사자의 범위
   ① 유흥접객원
   ② 댄서, 가수 및 악기를 다루는 자
   ③ 무용을 하는 자
   ④ 만담 및 곡예를 하는 자
   ⑤ 유흥사회자

마. 위생교육
   ① 대상자
   • 식품 취급 관리인
   • 영양사와 조리사를 제외한 종업원
   • 영업주
   ② 교육 시간
   • 식육판매업자 : 영업 신고 후 2월 이내에 6시간
   • 식품접객업자의 영업자 : 3년마다 4시간
   • 식품위생 관리인 : 매년 4시간
   • 영양사와 조리사를 제외한 종업원 : 매월 1시간

8 조리사와 영양사

가. 조리사를 두어야 할 영업
① 복어를 조리하거나 판매하는 영업
② 집단급식소

나. 영양사를 두어야 할 영업
• 상시 1회 50인(제조업의 경우 100인)이상에게 식사를 제공하는 집단급식소로 한다.
• 다만, 집단급식소에 두는 조리사가 영양사의 면허를 받은 자인 경우에 대하여는 영양사를 따로 두지 아니한다.)

다. 조리사와 영양사의 결격사유
① 정신질환자 또는 정신지체자
② 전염병 환자
③ 마약 기타 약물 중독자
④ 조리사 또는 영양사 면허의 취소처분을 받고 그 취소된 날부터 2년이 지나지 아니한 자.

라. 조리사와 영양사의 면허취소
① 정신질환자 또는 정신지체자, 전염병 환자, 마약 기타 약물 중독자
② 식중독 기타 중대한 사도를 발생하게 한 때

③ 면허를 타인에게 대여하고 이를 사용하게 한 때

마. 조리사와 영양사의 보수교육

• 조리사는 매년 5시간, 영양사는 매년 10시간

바. 식품위생 심의 위원회

① 위원장 1인(보건복지부 차관)과 부위원장 2인을 포함한 40인 이내의 위원으로 구성
② 임기는 2년

9 기타

가. 허위표시, 과대광고 및 과대포장의 범위

① 허가받은 사항이나 신고한 사항과 다른 내용의 표시, 광고
② 질병의 치료에 효능이 있다는 내용 또는 의약품으로 혼동할 우려가 있는 내용의 표시, 광고
③ 제품 중에 함유된 성분과 다른 내용의 표시, 광고
④ 제조연월일 또는 유통기한을 표시함에 있어 사실과 다른 내용의 표시, 광고
⑤ 각종의 감사장, 상장 또는 체험기 등을 이용하거나 주문 쇄도, 단체주문 또는 이와 유사한 내용을 표현한 광고
⑥ 외국어의 사용 등으로 외국 제품으로 혼동할 우려가 있는 광고 또는 외국과 기술 제휴한 것으로 혼동할 우려가 있는 내용
⑦ 다른 업소의 제품을 비방하거나 비방하는 것으로 의심되는 광고
⑧ '최고', '가장 좋은', '특' 등의 표현이나 '특수 제법' 등의 모호한 표현으로 소비자를 현혹시킬 우려가 있는 광고
⑨ 미풍양속을 해치거나 해칠 우려가 있는 저속한 도안, 사진, 음향을 사용한 광고
⑩ 판매사례품 또는 경품 판매 등 사행심을 조장하는 광고

나. 식품 등의 수거 대상 중 무상 수거 식품

① 국민 보건 위생상 필요하다고 판단되는 경우
② 유통 중인 부정, 불량식품 수거
③ 부정 또는 불량식품 등을 압류 또는 수거, 폐기할 때
④ 수입식품을 검사할 때

다. 식품첨가물의 수거량
① 고체 : 200g
② 액체 : 500ml
③ 기체 : 1kg

라. 식중독에 관한 조사보고
의사, 한의사 및 집단급식소 설치·운영자 → 시장, 군수, 구청장 → 식약처장, 지방식약청장 및 시·도지사

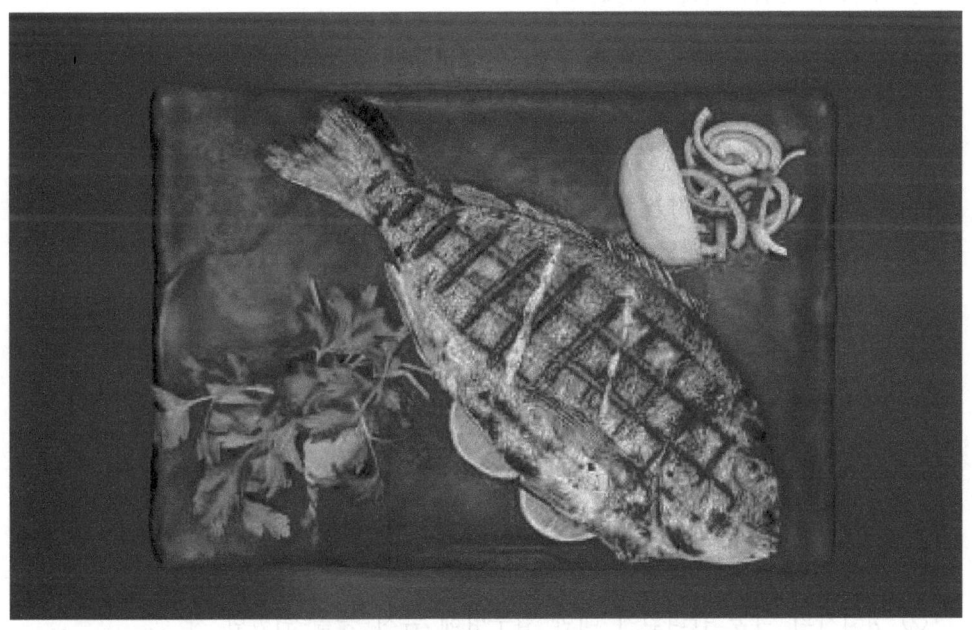

10 벌칙

가. 5년 이하의 징역 또는 3천만 원 이하의 벌금
① 식품과 첨가물의 판매 금지를 위반한 자
② 기준, 규격이 고시되지 않은 화학적 합성품의 판매 금지를 위반한 자
③ 유독 기구의 판매, 사용금지를 위반한 자
④ 제품검사 불합격품 판매 금지를 위반한 자
⑤ 무허가 영업금지를 위반한 자

나. 3년 이하의 징역 또는 2천만 원 이하의 벌금
① 기준과 규격에 맞지 않는 식품, 첨가물, 기구 및 용기. 포장을 판매하거나 판매를 목적으로 제조, 가공,사용, 조리, 저장, 운반, 보존 또는 진열의 금지를 위반한 자
② 수입식품의 신고를 위반한 자
③ 영업시간 및 영업행위의 제한 준수를 위반한 자
④ 압류. 폐기처분 등의 명령 준수를 위반한 자
⑤ 영업정지 명령 준수를 위반한 자

다. 2년 이하의 징역 또는 1천만 원 이하의 벌금
① 식품위생 관리인의 채용 의무를 위반한 자
② 영업자의 식품 관리인에 대한 업무방해 금지 등을 위반한 자
③ 조리사, 영양사의 고용 의무를 위반한 자
④ 압류. 폐기처분 등의 명령 준수를 위반한 자

라. 1년 이하의 징역 또는 500만 원 이하의 벌금
① 표시 기준에 맞지 않는 식품, 첨가물, 기구 및 용기. 포장을 판매하거나 판매를 목적으로 진열 또는 운반, 영업상의 사용금지를 위반한 자
② 허위표시, 과대광고 금지를 위반한 자
③ 자가품질검사의 의무를 위반한 자
④ 영업의 휴업, 재개업, 폐업 또는 허가받지 않은 사항의 경미한 변경에 있어서의 신고 의무를 위반한 자
⑤ 영업의 승계 신고 의무를 위반한 자

마. 행정처분·영업정지 1월은 30일을 기준
① 소화기 계통의 전염병이 있는 자를 영업에 종사할 경우(영업정지 15일)
② 영업행위 제한을 위반(시정명령 → 영업정지 15일 → 영업정지 1개월)
③ 조리사(영양사)를 두지 않을 경우(시정명령 → 영업정지 7일 → 영업정지 15일)
④ 보수교육을 받지 아니한 조리사 또는 영양사를 종사시킬 경우(시정명령 → 영업정지 7일 → 영업정지 10일)
⑤ 조리사가 식중독 기타 위생상 중대한 사고를 발생할 경우(면허취소)
⑥ 면허증을 타인에게 대여하여 이를 사용하게 할 경우(업무정지 2월 → 업무정지 3월 → 면허취소)
⑦ 업무정지 기간 내에 업무를 할 경우(면허취소)

제3장

위생 관리

1 위생 관리의 정의와 필요성

가. 위생 관리의 정의

쓰레기, 분뇨, 음료수 처리, 하수와 폐기물 처리, 공중위생, 접객업소와 공중 이용시설 및 위생용품의 위생 관리, 조리, 식품 및 식품첨가물과 이에 관련된 기구, 용기 및 포장의 제조와 가공에 관한 위생 관련 업무를 말함

나. 위생 관리의 필요성

① 식중독 위생사고 예방 ② 점포의 이미지 개선
③ 식품의 가치가 상승함 ④ 식품위생법 및 행정처분 강화
⑤ 고객 만족 (매출의 상승 기대) ⑥ 대외적 브랜드 이미지 관리

다. 위생 관리 대상

<표 3-1> 위생 관리 대상

구분	내용
종사원적 측면	1) 정신적, 신체적 건강 유지 2) 쾌적한 주방 공간 확보로 작업능률 향상 3) 종사원들의 작업 재해를 미연에 방지
식재료 취급 측면	1) 위생관념 2) 조리방법 3) 저장창고관리 4) 시장구매전략 5) 원가절약
시설관리 측면	1) 안전관리 2) 시설관리 3) 수익성 향상 4) 신상품개발 5) 대체 기물 선정

2 개인위생 관리

개인 위생 관리는 개인이 자신의 몸과 환경을 깨끗하게 유지하고 적절한 위생적 수칙을 따르는 것을 말한다. 이는 질병을 예방하고 건강을 유지하기 위해 중요한 요소이다.

가. 정의

개인위생은 개인의 건강을 지키기 위한 위생을 말한다.

나. 개인위생 관리의 필요성

조리 종사자 등 식음료를 취급하는 자의 개인위생이 식품의 안전에 큰 위험을 초래하는 오염원이 될 수 있으므로 조리실에 들어가는 순간부터 나갈 때까지의 전 과정을 위생 원칙에 따라 행동하고 개인위생 수칙을 철저히 지켜 생활화하여야 한다.

다. 개인위생 수칙

① 모든 종업원은 작업장에 입실 전에 지정된 보호구(모자, 작업복, 앞치마, 신발, 장갑, 마스크 등)를 청결한 상태로 착용하여야 한다.
② 모든 종업원은 작업 전에 손(장갑), 신발을 세척하고, 소독하여야 한다.
③ 남자 종업원은 수염을 기르지 말고, 매일 면도를 하여야 한다.
④ 손톱은 짧게 깎고, 매니큐어 및 짙은 화장은 금한다.
⑤ 작업장 내에는 음식물, 담배, 장신구 및 기타 불필요한 개인용품의 반입을 금한다.
⑥ 작업장 내에서는 흡연 행위, 껌 씹기, 음식물 먹기 등의 행위를 금한다.

⑦ 작업장 내에서는 지정된 이동 경로를 따라서 이동하여야 한다.
⑧ 작업장에의 출입은 반드시 지정된 출입구를 이용하여야 하며, 별도의 허가를 받지 않은 인원은 출입할 수 없다.
⑨ 작업장에서 사용하는 모든 설비 및 도구는 항상 청결한 상태로 정리정돈한다.
⑩ 모든 종업원은 작업장 내에서의 교차 오염 또는 2차 오염의 발생을 방지하여야 한다.

라. 손 위생 관리

식품을 취급할 때 손의 역할이 가장 중요하기 때문에 식품을 취급하기 전이나 용변 후에는 반드시 손을 씻어야 한다. 물이 손에 살짝 닿을 정도에서 손을 씻을 때 대장균은 거의 손에 남게 되며, 이와 반대로 비누를 사용하여 정성껏 씻으면 거의 모든 균은 제거된다.

비누는 균을 살균하는 것이 아니고 씻어 흘려 없애는 것이고 또한 더러운 먼지 같은 것을 제거하는 작용을 한다. 그러므로 이때 다시 역성비누(물에 녹이면 약산성이 되는 비누 보통의 비누)를 사용하는 것이 좋다. 이는 냄새도 없애고 독성도 적으므로 식품 종사자의 소독 방법에 가장 적합한 방법이다.

그러나 역성비누는 세척력이 약하기 때문에 많이 더러운 손을 씻고자 할 때는 비누와 함께 병용하는 것이 바람직하다.

손은 항상 이와 같이 청결하게 유지되어야 하고, 특히 용변 후, 조리 전, 식품취급 전에는 반드시 올바른 손 씻는 방법에 따라 손을 씻어야 한다.

마. 올바른 손 씻기

안전하고 위생적으로 식품을 취급하고 음식을 조리하기 위해서 손을 깨끗이 씻고 항상 청결한 손을 유지하여야 한다. 개인위생의 출발은 올바른 손 씻기에서 시작된다. 손 씻기를 철처히 하기만 해도 질병의 60% 정도는 예방할 수 있다.

① 손 씻기 전에 손톱을 짧게 깎고 시계, 반지 등을 뺀다.
② 흐르는 따뜻한 물에 손과 팔뚝을 적신다.

③ 손을 씻기 위해 충분한 양의 비누를 바른다.
④ 팔에서 팔꿈치까지 깨끗이 골고루 씻는다.
⑤ 왼손바닥으로 오른손등을 닦고 오른손바닥으로 왼손 등을 씻는다.
⑥ 손깍지를 끼고 손바닥을 서로 비비면서 양손 바닥을 닦는다.
⑦ 손톱 밑을 문지르면서 손가락 사이를 씻는다.
⑧ 비누 거품을 완전히 씻어낸다.
⑨ 핸드타월이나 자동 손 건조기를 사용하는 것이 바람직하다.

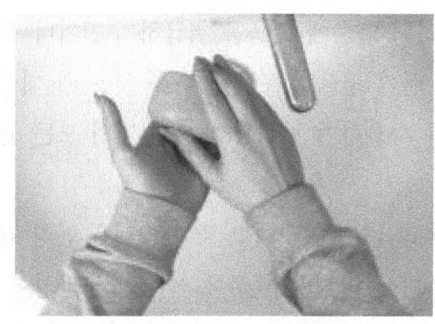 

바. 손 씻는 시설

① 사용자의 수와 시설 규모 등을 고려하여 충분히 설치
② 사용이 편리하고 식품 등을 오염시키지 않는 위치에 설치
③ 손 씻기 전용의 것으로 설치
④ 크기는 최저 좌우 40cm, 안길이 30cm이고, 높이는 팔꿈치를 씻을 수 있는 높이
⑤ 가능한 한 발로 밟는 식이며, 온수가 나오도록 함.
⑥ 비누, 손톱용 브러시, 소독액(역성 비누) 등을 함께 준비

사. 복장 관리

<표 3-2> 복장 관리

구분	내용
두발	항상 단정하게 묶어 뒤로 넘기고 두건 안으로 넣는다.
화장	진한 화장이나 향수 등을 쓰지 않는다.
유니폼	세탁된 청결한 유니폼을 착용하고 바지는 줄을 세워 입는다.
명찰	왼쪽 가슴 정중앙에 부착한다.
장신구	귀걸이, 목걸이, 손목시계, 반지 등을 착용하지 않는다.
손톱	손톱은 짧고 항상 청결하게 상처가 있으면 밴드로 붙인다.
안전화	지정된 조리사 신발을 신고 항상 깨끗하게 관리한다.
위생모	근무 중에는 반드시 정확하게 착용한다.

아. 개인위생 복장의 기능

<표 3-3> 개인위생 복장의 기능

구분	내용
위생복	조리 종사원의 신체를 열과 가스, 전기, 위험한 주방기기, 설비 등으로부터 보호, 음식을 만들 때 위생적으로 작업하는 것을 목적으로 함
안전화	미끄러운 주방 바닥으로 인한 낙상, 찰과상, 주방기구로 인한 부상 등 잠재되어 있는 위험으로부터 보호
위생모	머리카락과 머리의 분비물로 인한 음식 오염방지
앞치마	조리 종사원의 의복과 신체를 보호
머플러	주방에서 발생하는 상해와 응급조치

자. 자신의 건강 상태 확인

① 식품을 취급하고 음식을 조리하는 사람은 자신의 건강 상태를 확인하고 개인위생에 주의를 기울여야 한다.
② 음식물을 통해 전염될 수 있는 병원균을 보유하고 있거나 설사, 구토, 황달, 기침, 콧물, 가래, 오한, 발열 등의 증상이 있을 때는 일을 해서는 안 된다.
③ 위장염 증상, 부상으로 인한 화농성 질환, 피부병, 베인 부위가 있을 때는 즉시 점주, 점장, 실장 등 상급자에게 보고하고 작업하지 않아야 한다.

3 시설 위생 관리

가. 화장실/탈의실

① 작업장과 직접 연결되지 않으며, 작업장에 영향을 미치지 않는 곳에 정화조를 갖춘 수세식으로 설치한다.
② 내부 공기를 작업장 외부로 배출할 수 있는 별도의 강제 환기 시설(환풍기 등)을 갖추어야 한다.
③ 벽과 바닥은 내수성, 내부식성 재질로 청소가 용이해야 한다.
④ 출입구에는 손 세척, 건조, 소독 시설을 설치해야 한다.
⑤ 작업장 외부로 통하는 환기 시설과 외출 복장, 위생복 간의 교차 오염이 발생하지 않도록 구분, 보관할 수 있는 시설을 구비한다.

나. 작업장 출입구와 통로

① 작업장 내부로 출입하는 곳은 반드시 작업자를 위한 세척 소독 시설을 구비하여 세척 소독 후 출입하여야 하며, 세척 소독 설비는 입 . 퇴실 방향에 따라 배치하여야 한다.
② 이물 제거를 위한 시설은 끈끈이, 진공 흡입기, 에어 샤워 등이 사용 가능하며, 장화 사용 시 장화 세척조는 작업장 내에 설치하지 말고 반드시 전실 내 작업장 퇴실구에 설치하여 교차 오염되지 않도록 하여야 한다.
③ 이동 통로는 작업장과 작업장 사이 이동 통로에 표시하여야 한다. 도로에서 사거리, 삼거리, 막다른길 등에 차선 방향을 표시한 것과 동일하다.

④ 작업장 외부에 설치하는 방충 설비 중 하나인 에어 커튼은 선풍기와 같은 것으로 바람을 이용하여 해충의 비행 등을 방해하는 설비로 작업장 내에 설치할 때는 작업장 먼지, 작업자 이물 등을 작업장, 식품에 비산하게 만드는 결과를 초래하므로 저온 창고 냉기 보존 목적 이외에 설치해서는 안된다.

4 식품 종사자의 위생 관리

가. 식품 종사자의 위생 관리

　개인의 건강을 유지하기 위해서는 식품 그 자체의 위생은 물론 식품을 취급하는 종사자는 위생관리를 해야 된다. 식품을 취급하는 종사자는 다음과 같은 위생 관리를 해야 한다.

　① 전염성의 질환자 또는 손에 화농성의 상처가 있는 사람은 절대로 식품 취급에 종사하여서는 안 된다.

　② 식품은 직접 취급하는 사람, 기타 식품에 접촉하는 사람은 모든 것이 청결하고 깨끗하게 세탁된 위생복을 착용하고 모자나 마스크도 반드시 착용하여야 한다.

　③ 식품 취급 종사자는 작업 시간 중 손을 항상 청결히 유지하고 용변 후에는 반드시 손을 씻어야 한다.

나. 식품 종사자의 건강 관리

　식품은 세균이나 곰팡이에 의하여 부패한다든지 품질을 저하시킨다. 또한 세균 중에는 전염병이나 식중독의 원인이 되는 세균도 있다. 이와 같은 병원균은 식품의 제조나 판매와 같은 과정에서 유입되는 것이 많다. 그 경로를 밝혀 보면 식품 종사자 가운데 병원균의 보균자를 발견하는 사례가 종종 있다. 식품 종사자가 가벼운 설사를 하고 있는 정도의 경우라도 이질균이 있었던 예는 적지 않기 때문에 이를 경계해야 함과 동시에 반드시 건강 진단을 받아 식품을 취급하는 작업에 종사시켜야 한다.

다. 건강 진단

1) 영업자의 의무

① 건강 진단은 종사자의 채용 시와 정기적 또는 임시로 행하여야 하며, 위생 분야 종사자 등의 건강 진단 규칙 등 일반 건강 진단 항목 및 그 횟수에 따라 건강 진단을 받도록 하여야 한다.
② 건강 관리 계획을 세우고 종사자의 건강 진단 등의 정보를 기록해 두어야 한다.
③ 종사자의 건강 상태를 파악하고 이상이 있을 때는 곧 의사의 진단을 받게 하고 식품 취급에 종사시켜서는 안 된다.

2) 종사자의 의무

① 질병에 걸렸을 때는 신속히 책임자에게 신고하고 건상 상태에 충분히 주의를 기울이고 건강 유지 관리에 노력하여야 한다.
② 영업에 종사하지 못하는 질병의 종류
• 전염병 예방법에 의한 제1군 전염병 중 소화기계 전염병(장티푸스 등 6종)
• 전염병 예방법에 의한 제3군 전염병 중 결핵(비전염성인 경우 제외)
• 피부병 기타 화농성 질환
• B형간염(전염의 우려가 없는 비활동성 간염은 제외)
• 후천성면역결핍증(전염병 예방법에 의하여 성병에 관한 건강 진단을 받아야 하는 영업에 종사하는 자에 한함)

5 식자재 위생 관리

가. 식품 취급 시의 위생 관리

① 식품은 항상 청결하고 위생적으로 취급하여 병원 미생물, 먼지, 유해 물질 등에 의하여 오염되지 않도록 하여야 한다.

② 식품 종사자의 손에 의하여 식품이 오염 또는 부주의로 병원균을 식품에 부착시키거나, 유독 물질을 혼입시키는 일이 없도록 항상 주의해야 한다.

③ 조리된 식품은 조리 후 사람의 손, 파리, 바퀴벌레, 쥐, 먼지 등에 의하여 오염되는 일이 없도록 적절히 보관하여야 한다.

④ 살충제, 살균제, 기타 유독 약품류는 보관을 철저히 하여 식품첨가물로 오용하는 일이 없도록 주의하여야 한다.

나. 식자재별 위생관리

1) 주식류

① 건조하면서도 서늘하고 통풍이 잘되는 위생적인 용기에 보관한다.
② 곰팡이가 피어 있거나 색깔이 변한 곡류는 식용으로 사용을 금지한다.
③ 습도 50~60%를 준수한다.

2) 야채류

① 야채류는 쉽게 상하고 칼이 닿는 경우 더 쉽게 상하므로 관리를 철저히 해야 한다.
② 선입선출(먼저 들어온 물건을 먼저 사용해야 하고, 사용하고 남으면 랩이나 위생 팩으로 포장하거나 신문지를 사용하여 신선도를 유지한다.

3) 냉동식품류(냉동 육류, 냉동 해물류)

　냉동 보관이 원칙이고, 녹인 것은 다시 얼리지 않도록 한다. 냉동식품도 유통기한을 확인하여 잘 지키도록 한다.

4) 냉장 식품류

　냉동식품에 비해 유통기한이 짧으므로 주의하고, 온도의 변화가 심하지 않도록 일정 온도를 유지한다. 개봉한 제품은 당일 소비하는 것이 좋으며, 보관을 해야 할 때 랩이나 위생 팩으로 포장, 보관한다.

　① 서늘하고 통풍이 잘되는 위생적인 용기에 보관한다.
　② 채소는 반드시 물기를 제거한 후 포장지에 싸서 냉장 보관한다.
　③ 세척한 채소와 세척하지 않은 채소가 섞이지 않도록 분리 보관한다.
　④ 3℃ 이하에서 냉장 보관하면 냉해를 입을 수 있다.
　⑤ 양파 및 감자를 장기간 보관할 때는 껍질을 박피하지 않은 상태로 그늘지고 서늘한 장소에 보관한다.
　⑥ 비가식 부위를 제거한 후 흐르는 물에 3회 이상 세척한다.
　⑦ 감자의 녹색 및 발아 부위는 제거 후에 사용한다.

5) 과일류

　① 바구니 등을 이용하여 과일류는 따로 보관하는 것이 좋다.
　② 사과같이 색이 잘 변하는 과일은 껍질을 벗기거나 남은 때는 레몬을 설탕물에 담가 방지하도록 한다.
　③ 바나나는 상온에 보관하고 수박이나 멜론 등은 랩을 사용하여 표면이 마르지 않도록 하며, 딸기 등은 쉽게 뭉그러지고 상하기 쉬우므로 눌리지 않게 보관한다.

6) 건어물류

　냉동 보관을 원칙으로 하고 메뉴별 사용량에 따라 위생 팩으로 개별 포장, 사용하는 것이 편리하고 위생상 좋다

7) 양념류

① 모든 조미료는 15~25℃에서 보관하고 유리나 합성수지제 용기에 넣어 직사광선을 피해 서늘한 곳에 보관한다.
② 개봉한 후에는 이물질 및 해충이 들어가지 않도록 밀봉하여야 한다.
③ 습기로 인해 딱딱하게 굳거나 이물질이 섞이지 않도록 뚜껑을 잘 덮어서 보관하도록 한다.
④ 물이 묻은 용기의 사용은 피하도록 한다.

8) 소스류

① 적정 재고량을 보유하고 유통기한을 수시로 체크하도록 한다.
② 사용하기에 편리하도록 물기를 제거한 플라스틱 용기에 적정량의 소스를 담는 것이 좋다.

9) 캔류

① 개봉한 캔은 바로 사용하는 것이 원칙이며 밀폐 용기 보관 시 유통기한을 표시하도록 한다.
② 통조림은 찌그러짐, 팽창이 있어서는 안 된다.

10) 육류 및 생선류

① 육류를 3~4일 정도 저장하고자 할 때는 4℃ 이하로 보관하고 장기간 저장할 때는 냉동 보관한다.
② 달걀은 세척하지 않은 상태로 냉장 보관한다.
③ 생선은 내장을 제거하고 소금물로 깨끗이 세척하고 물기를 제거한 다음 다른 식품과 분리하여 냉장 보관한다.
④ 두부는 반드시 찬물에 담갔다가 냉장 보관한다.
⑤ 건어물은 건조하고 서늘한 곳에 보관한다.
⑥ 조개류는 내용물만 모아서 소금물로 해감, 세척한 후에 냉장 또는 냉동 보관한

다.
⑦ 어묵은 냉장 상태로 보관한다.
⑧ 생선에는 유해 미생물이 부착되어 있을 수도 있으므로 내장을 제거한 후에 흐르는 물로 깨끗이 세척하거나 가열 조리한다.
⑨ 달걀의 표면에는 위해 미생물이 부착되어 있을 수 있으므로 가열 조리한다.
⑩ 두부는 조리하기 전에 반드시 흐르는 물에 깨끗이 세척한 후에 조리한다.

6 소독

소독은 병원 미생물의 생활력을 파괴시켜 감염 및 증식력을 없애는 조작을 말한다. 소독 작업은 세척을 완료한 후에 수행하여야 한다.

소독 방법의 종류는 다음과 같다.

가. 물리적 방법
① 비가열 처리법 : 자외선 조사, 일광조사, 방사선조사
② 가열처리법

<표 3-4> 가열 처리법

구분	내용
화염 멸균법	불꽃에서 20초 이상 태우며, 불에 타지 않는 금속류, 유리봉, 도자기류에 이용
건열 멸균법	170℃에서 1~2시간 처리. 주사침. 유리기구, 금속 제품에 이용
자비 소독법	끓는 물(100℃)에서 15~20분간 처리. 식기류, 도자기류, 주사기, 의류 소독에 사용
고압증기 멸균법	10Lbs(115.5℃)에서 30분간 처리한다. 통조림 식품, 거즈, 약액 등의 멸균에 사용
유통증기 멸균법	100℃의 유통증기에서 30~60분 가열하는 방법으로 식기, 조리기구, 행주 등에 사용
간헐멸균법	1일 1회씩 3일 동안 100℃에서 30분간 가열하는 방법으로, 세균의 포자까지 멸균

구분	내용
저온소독법 (LTST법)	포자 형성치 않은 세균의 멸균을 위해서 결핵균, 소유산균, 살모넬라균 소독에 사용(우유)
초고온 순간 멸균법(UHT법)	멸균처리 기간의 단축과 영양 물질의 파괴를 줄이기 위하여 사용되는 순간적인 열처리로, 우유를 135℃에서 2초 동안 가열.
자외선 멸균법	태양의 자외선이나 자외선 등을 이용하는 방법이다. 도르노선(생명선)은 2900~3200 Å 이다.
초음파 살균법	기계적인 멸균 방법으로 식품에 100~200만 사이클의 초음파를 작용시킨다.

나. 화학적 방법

① 염소류
- 액화염소 (0℃ 4기압) 많은 양의 수돗물 소독에 이용
- 클로르칼크 (표백분 : $CaCl_2$) 적은 양의 우물물, 수영장 소독에 이용
- 차아염소산 나트륨($NaOCl$) 야채, 과실류 소독에 이용

② 중성세제(합성세제) : 살균작용은 없고 세정력만 있다.

③ 역성비누(양성비누)
- 물에 녹이면 약산성이 되는 비누 보통의 비누를 말한다.
- 0.01~0.1% 액 사용
- 손 소독을 할 때는 10% 용액을 100~200배 희석 사용
- 식기류 소독일 때는 300~500배 희석 사용
- 무미, 무해, 무독이면서도 침투력과 살균력이 강하다.
- 포도상 구균, 결핵균에 유효하여 조리사의 손 소독이나 식품 소독에 사용

④ 약용비누
- 비누에다 살균제를 혼합시킨 것이다.
- 손, 피부소독에 이용되는 세탁 효과와 살균제의 소독 효과가 얻어진다.

⑤ 석탄산(3%)
- 3~5% 수용액(온수) 금속 부식성, 냄새와 독성이 강하며 피부 점막에 자극성이 있다.
- 대상물 : 환자의 오염 의류, 오물, 배설물.
- 소독약의 살균력을 비교하는 기준(석탄산 계수).
- 석탄산 계수가 낮으면 살균력이 떨어짐

$$석탄산계수 = \frac{다른\ 소독약의\ 희석\ 배수}{석탄산의\ 희석\ 배수}$$

⑥ 크레졸
- 1~3% 비누액(크레졸 비누액 3 : 물 97)
- 석탄산 소독력의 2배 효과가 있다.(석탄산 계수 2)
- 불용성이므로 비누액으로 만들어 사용한다.
- 피부 자극성이 없으며, 유기물질 소독에 효과적이고 세균소독에 이용
- 강한 냄새가 단점이다.
- 대상물 : 손(조리사는 안됨), 오물, 객담

⑦ 생석회
- 건조한 소독대상물인 경우는 석회유[$Ca(OH)_2$]를 생석회 분말 2 : 물 8의 비율로 사용
- 습기 있는 분변, 하수, 오수, 오물, 토사물 소독에 적당
- 포자 형성 세균에는 효과가 없다.
- 공기에 오래 노출되면 살균력이 저하

⑧ 과산화수소 : 3% 수용액 사용
- 무포자균을 빨리 살균
- 자극성이 적어서 구내염, 인두염, 입안 세척, 상처 등에 사용

⑨ 승홍수
- 0.1% 사용(승홍 1+식염 1+물 1000 비율로 만듦)
- 맹독성이며 금속 부식성이 강하므로 식기류나 피부소독에는 부적합
- 단백질과 결합하면 침전이 생기므로 유기물질(배설물) 소독할 때 주의
- 온도가 높을수록 살균력이 강해지므로 가온해서 사용

⑩ 머큐로크롬
- 2% 수용액 사용(과망간산칼륨은 0.2~0.5% 수용액 사용)
- 자극성이 없으나 살균력이 약하다.
- 점막 및 피부 상처에 사용

⑪ 포르말린(HCHO)
- 38~40% 사용
- 병실, 무균실, 수술실에 주로 사용

⑫ 에틸알코올
- 70~75%의 에탄올 사용
- 손, 피부 및 기구 소독에 사용
- 무포자균에 유효
- 상처, 눈, 구강, 비강, 음부 등 점막에는 사용하지 않는다.

7 시설물 위생 관리

가. 냉동, 냉장 시설
냉장, 냉동 저장 공간이 세균 증식이 어려운 환경이지만 식자재와 음식물의 출입이 빈번하여 세균 침투와 교차 오염이 우려되는 공간이다.
① 냉장, 냉동고는 세척 및 살균은 최대한 자주 하고 특히 식자재와 음식물이 직접 닿는 랙이나 내부 표면, 용기는 매일 세척, 살균한다.
② 세척과 살균하는 동안 냉장, 냉동고에 이미 보관되어 있는 식자재의 선도 유지와 변질을 막기 위해서 세척 및 살균 일정 계획을 미리 수립한다.

나. 건자재 실온 창고
① 정기적으로 청소한다.
② 벽, 바닥, 천정, 선반 등은 가능한 매일 청소한다.
③ 건자재 보관 창고의 청소, 살균 작업은 분무식 방법이 효과적이지만 다른 기구나 설비에 손상을 미칠 수 있으므로 사용 전에 세척제나 소독제의 성분을 점검한다.

다. 주방 바닥
① 호스로 연결된 스프레이나 솔, 대걸레를 사용한다.
② 배수구에 부착된 찌꺼기나 오물을 제거한다.

라. 화장실

고객은 화장실의 청결도로 점포의 위생 상태를 평가한다. 불결한 화장실은 불쾌한 냄새를 유발하고 온갖 세균이 번식하게 되므로 자주 확인하고 청소해야 한다. 변기, 소변기, 세면대, 거울 등 화장실의 모든 시설은 항상 청결을 유지하여야 한다.

① 최소한 2시간마다 청결 상태와 이상 유무를 점검한다.
② 화장실 바닥, 세면대, 거울, 디스펜서, 변기, 소변기, 쓰레기통, 종이타월, 비누, 위생용품, 환풍기 등은 필수 점검 항목이다.
③ 바닥, 벽, 타일, 변기를 물로 청소한다.
④ 창문, 섀시의 먼지를 털어내고 더러움을 제거한다.
⑤ 환기팬의 먼지를 털어내고 더러움을 제거한다.
⑥ 세면대, 거울을 닦는다.
⑦ 쓰레기통을 비운다.
⑧ 탈취제, 방향제를 점검한다.
⑨ 휴지, 종이 타월을 보충한다.
⑩ 화장실 점검 기록부에 점검 결과 및 조치 사항을 기록하고 점검자 서명을 한다.

마. 쓰레기통

쓰레기통은 반드시 뚜껑이 있어야 하고 용도별로 구분 표시해서 사용한다. 특히 야채 및 수분이 많이 함유되어 부패하는 냄새를 유발하기 쉬운 폐기물은 즉시 처리하고 세척, 살균한다.

① 쓰레기통을 비운다.
② 따뜻한 물과 세척제로 모서리 부분과 오염이 심한 부분을 철저히 닦아낸다.
③ 깨끗한 물로 헹군 후 자연 건조한다.
④ 소독액을 분무하여 살균 소독 후 자연 건조한다.

바. 유리창 및 창틀

① 유리창 전용 청소 도구 또는 세척제를 묻힌 부드러운 수세미로 유리창과 창틀을 닦는다.
② 물에 적신 깨끗한 천으로 닦은 후 자연 건조한다.
③ 마른 천이나 유리창 전용 청소 도구로 잔여 물기와 얼룩을 제거한다.
④ 유리창을 세제로 닦을 때는 창닦개를 사용하면 효율적이다.

사. 배수로/배수구

① 배수로/배수구 덮개와 거름망을 걷어낸다.
② 걷어낸 배수로/배수구 덮개를 세척한 후 기구 등의 살균 소독제로 소독한다.
③ 호스의 분사 압력을 이용하여 배수로 내의 찌꺼기를 제거한다.
④ 솔로 닦은 후 물로 씻는다.
⑤ 배수로/배수구 뚜껑을 열고 거름망을 꺼내 이물질을 제거한다.
⑥ 거름망과 뚜껑 내부를 세척제로 닦은 후 물로 헹군다.
⑦ 거름망을 소독한 후 배수로 덮개를 덮는다.

아. 배기 후드

① 청소하기 전에 배기 후드 하부 조리 장비에 먼지나 이물질이 떨어지지 않도록 비닐로 덮는다.
② 배기 후드 내의 거름망을 분리한다.
③ 거름망을 세척제에 불린 후 세척하고 헹군다.
④ 부드러운 수세미에 세척제를 묻혀 배기 후드의 내부와 외부를 닦는다.
⑤ 세척제를 잘 제거한 후 마른 수건으로 닦고 건조한다.
⑥ 청소 용구를 위생적으로 관리한다.

8 방충·방서

매장의 청결을 유지하려면 해충이 번식하지 못하도록 해야 하고 항상 깨끗하게 유지해야 한다. 파리, 모기, 하루살이, 바퀴벌레 등 해충이 발견되면 매장에 심각한 문제를 야기할 수 있으며 고객에게 불쾌한 혐오감을 주기 때문에 매출 하락에 영향을 미치게 된다. 해충의 발생과 외부로부터 유입을 사전에 차단하여야 하며, 만일 유입된 해충과 이미 번식하고 있는 해충은 전문적인 점검과 진단을 통해 해충의 특성 및 생태를 파악하여 발생 원인을 제거하고 방역 방법 및 방역 주기를 결정한다.

가. 방역 방법

1) 물리적 방역

해충의 서식지를 제거하거나 발생하지 못하도록 물리적으로 환경을 조성한다. 시설 개선 및 환경을 개선한다.

2) 화학적 방역

약제를 살포하여 해충을 구제하는 방법으로 단시간에 효과적이고 경제적이다. 독성이 강하기 때문에 관리에 주의해야 한다.

3) 생물학적 방역

천적 생물을 이용하는 방법으로 해충의 서식지를 제거한다.

나. 해충 차단 방법

① 해충의 접근을 근절한다.
② 해충의 먹이, 습한 곳, 고인 물, 숨을 장소, 산란 장소를 사전에 제거한다.
③ 침입한 해충은 방제, 방충 전문업체와 함께 문제점을 전문적으로 해결한다.

제4장

주방 기구 세척

1 세척의 정의와 요소

가. 정의

세척이란 시설, 도구 및 조리 장비로부터 더러운 오염 물질들을 제거하는 과정을 말하며, 살균 소독이란 세척 표면에서 미생물의 수를 안전한 수준으로 줄이는 과정이다.

찌꺼기나 때가 남아 있게 되면 소독제의 효과가 감소되며 소독제가 필요로 하는 미생물과의 접촉 시간이 줄어들게 되므로 세척과 살균 소독은 2단계로 해야 한다.

살균, 소독 효과를 극대화하기 위해서는 1차적으로 표면을 깨끗이 세척 한 후에 살균 소독제의 적정한 온도, 농도, pH, 접촉 시간 등을 준수하고 희석액의 농도를 적절히 맞추어야 한다.

나. 세척의 요소

① 오염의 종류
② 오염의 상태
③ 수질
④ 수온
⑤ 물의 속도 또는 힘
⑥ 세척제의 종류, 농도, 표면과 접촉하여 잔류하는 시간

2 주방 기구 세척 이유

주방 기구를 규칙적으로 세척해야 하는 이유는 여러 가지가 있다. 주방 기구는 음식을 다루는 곳으로서, 위생적으로 유지되어야 하며, 이를 위해서는 정기적인 세척이 필요하다. 주요한 이유는 다음과 같다.

- 식품 안전: 세척되지 않은 주방 기구에는 음식물 부스러기, 유해 세균 및 세균이 증식할 수 있다. 이러한 세균은 음식물을 오염시키고 식중독을 유발할 수 있으므로, 주방 기구의 규칙적인 세척은 식품 안전을 유지하는 데 중요하다.
- 건강 관리: 주방 기구를 세척함으로써 건강을 유지할 수 있다. 세균이나 곰팡이 같은 미생물의 증식을 방지하고, 이로 인한 질병이나 알레르기 발생 가능성을 줄일 수 있다.
- 유지 보수: 정기적인 세척은 주방 기구를 상태를 유지하고 오랜 시간 동안 사용할 수 있도록 돕는다. 음식물 부스러기나 오염물이 누적되면 기구의 손상이나 변형을 유발할 수 있으며, 이를 방지하기 위해서는 규칙적인 세척이 필요하다.
- 느낌과 향: 세척되지 않은 주방 기구는 음식물의 냄새와 오염물의 냄새를 흡수할 수 있다. 규칙적인 세척은 주방을 깨끗하고 상쾌한 환경으로 유지하여 요리 경험을 개선한다.

따라서, 주방 기구를 규칙적으로 세척함으로써 식품 안전, 건강 유지, 유지 보수, 그리고 환경의 향상을 위한 여러 가지 이유로 중요하다.

3 주방 기구 세척 방법

주방 기구 세척 방법은 다음과 같다.

① 세척 방법을 통해 음식 찌꺼기나 오물들이 제거되었다 하더라도 안전하다고 안심하기 어렵다. 아무리 깨끗이 세척 작업을 수행했다 하더라도 눈에 보이지 않는 세균이 남아 있기 때문이다.
② 음식물과 접촉하는 식기나 용기, 도구 등 모든 기물은 철저한 살균, 소독 작업을 통해서 세균을 박멸해야 한다.
③ 분해, 세척이 필요한 이동이 불가능한 주방 기구들은 제작업체의 사용 설명서를 확인해야 한다. 일반적으로 세척하기 전에 기구들의 전원 공급 장치를 차단한다.
④ 부피와 무게가 많이 나가는 냉장, 냉동 시설을 제외하고 전원이 연결된 기구는 감전의 위험을 방지하기 위해서 플러그를 빼놓는다.
⑤ 음식물이나 식자재는 세척하기 전에 치워둔다. 칼날, 뚜껑 등 분리가 가능한 부품은 따로 세척, 살균한다.
⑥ 세척, 살균된 기구의 부품은 재조립한 후에도 다시 살균 처리한다.
⑦ 분무기를 사용하는 살균 방법은 이동이 어렵기 때문에 무거운 기구의 살균에 좋은 방법이 될 수 있다. 분무는 살균제가 충분히 뿌려지도록 2~3분 동안 분무한다.
⑧ 냉장·냉동 시설에는 음식물의 출입이 빈번하고 장기 저장하거나 혼재되는 식자재가 많기 때문에 아무리 저온이라고 하지만 세균의 번식이 용이하다. 냉장·냉동 시설의 세척, 살균은 최대한 자주 해주고 음식물이 직접 닿는 랙(rack)이나 내부 표면, 용기는 매일 세척, 살균하도록 한다.

⑨ 실온 창고는 정기적으로 청소해야 하며 벽, 바닥, 천정, 선반 등은 가능한 매일 세척해야 한다.

⑩ 실온 창고의 청소, 살균 작업은 분무식이 효과적이지만 다른 시설 및 기구에 영향을 줄 수 있으므로 사용하는 세척제나 소독제의 성분을 확인해야 한다.

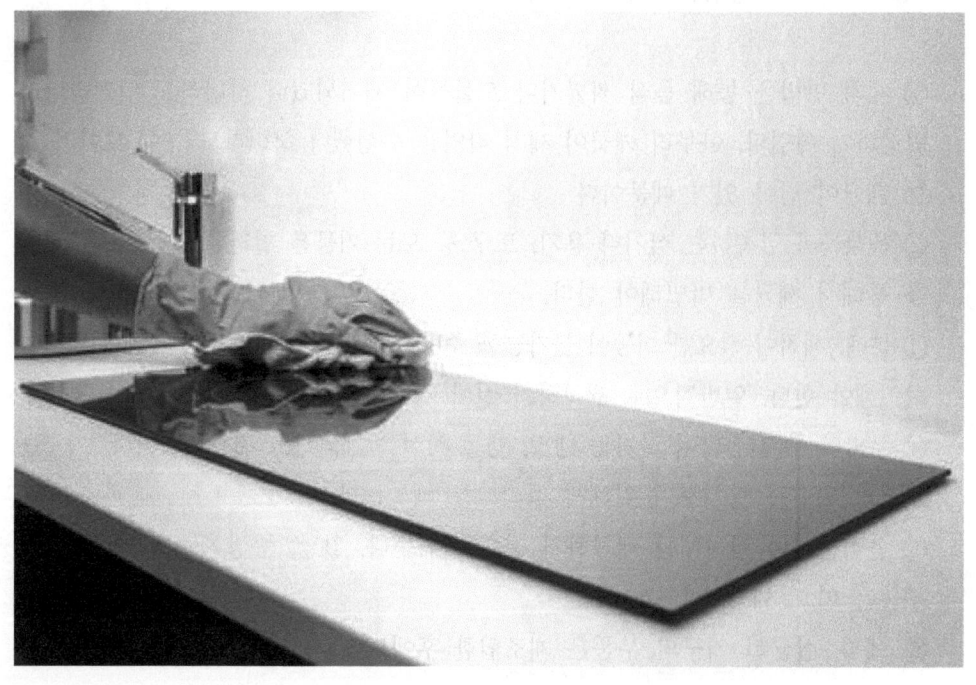

4 세척제

용도에 맞는 세척제를 선택해야 하며 사용 설명서에 따라야 한다. 세척제를 임의로 섞을 때는 화학반응을 일으켜 세척력을 상실하거나 유해가스 등의 발생으로 위험할 수 있다. 용도 표시 라벨이 없거나 정확하지 않고 의심이 가는 세척제는 사용하지 않는다. 세척제는 사용하는 용도에 따라 1종, 2종, 3종으로 구분되어 있다.
① 1종: 야채용 또는 과실용 세척제
② 2종: 식기류용 세척제
③ 3종: 식품의 가공 기구용, 조리 기구용 세척제

주방에 배치되어 있는 설비들은 자주 세척해야 수명이 오래가고 위생적으로 사용할 수 있다. 세척제는 안전하고 부식성이 없어야 한다. 세척제마다 특징이 다르므로 용도에 맞는 세척제를 선택하여야 한다.
세척제 사용 시 준수사항은 다음과 같다.
① 제조업체의 사용 설명서를 확인한다.
② 서로 다른 세척제를 임의로 섞을 때는 화학반응을 일으켜 세척제의 기능을 상실하거나 유해가스가 생성되는 등 위험할 수 있다.
③ 용도가 명시되지 않은 세척제를 다른 세척제 대용으로 사용하지 않는다.
④ 물질 안전 보건 자료(MSDS: Material Safety Data Sheet)를 비치한다.
⑤ 유해 성분이 함유된 물질은 모두 목록화하고 라벨링을 부착한다.
⑥ 세척제는 주방에 보관하지 말고 별도의 구분된 세척제 전용 보관 장소에 보관한다.

5 세척제의 종류

가. 알칼리성 세제

① 산성의 오염물을 중화시켜 제거하는 세제이다.
② 일반적인 산성 오염물에 적합하다.
③ 유리창용 세제, 가정용 왁스 세제, 기름때 전용 세제, 얼룩 제거 세제, 탄화 전용 세제, 만능 세제 등이다.
④ 가성 소다(수산화 나트륨), 과탄산소다(과탄산나트륨), 베이킹소다 등이 있다.

나. 중성 세제

① 가정용 식기 세제나 욕조 전용 세제 등이 이 부류에 속한다.
② 오염물을 녹이면서 없애기 때문에 씻어낸 것의 표면에 흠집이 나지 않는다.

③ 약알칼리성 세제를 희석한 것도 중성 세제라 불리는 때도 있다.
④ 울샴푸 종류, 아기들 세제, 주방용 세제가 있다.

울샴푸   주방세제

다. 산성 세제

① 인간이 배설한 것을 중심으로 인간에게서 나온 오염물은 알칼리성이다.
② 오염물을 분해시켜 없애며, 화장실 전용 세제가 대표적이다.
③ 화장실용 세제는 손때 등으로 더러워진 것을 닦는 데도 적합하다.
④ 과산화수소, 식초, 구연산 등이 있다.

구연산   과산화수소

라. 표백제

① 염소계 세제, 살균제가 들어간 것이 많다.
② 누런 때를 제거하는 화장실용 세제도 염소계이다.
③ 산성의 화장실 전용 세제와 혼합하면 유독가스가 발생하므로 취급에 주의한다.
④ 차아염소산소다를 약12%로 물에 희석하여 사용하며, 락스라고도 한다.

메디록스

락스

6 주방 기구 세척 방법

가. 기계 및 설비

① 설비 본체 부품을 분해한다. 분해한 부품은 깨끗한 장소로 옮긴다.
② 뜨거운 물로 1차 세척하고 세제를 묻힌 스폰지로 더러움을 제거한다.
③ 흐르는 물로 세제를 씻어낸다.
④ 설비 부품은 뜨거운 물에 5분간 담근 후 세척하거나 200ppm의 차아염소산나트륨 용액에 5분간 담근 후에 세척한다.
⑤ 완전히 건조시킨 후 재조립한다.
⑥ 분해할 수 없는 설비는 지저분한 곳을 제거한 후 청결한 행주나 위생 타월로 물기를 제거한 후에 소독용 알코올을 분무한다.
⑦ 설비를 사용하기 전에는 설비 표면이 촉촉해질 정도로 소독용 알코올로 재차 분무한 후 알코올 성분이 제거된 후 사용한다.

나. 도마, 식칼

① 뜨거운 물로 씻고 세제를 묻힌 스폰지 등으로 더러움을 제거한다.
② 흐르는 물로 세제를 씻어낸다.
③ 80℃의 뜨거운 물에 5분간 담근 후 세척하거나 200ppm의 차아염소산나트륨 용액에 5분간 담근 후에 세척한다.
④ 완전히 건조시킨 후 사용한다.

다. 행주
① 뜨거운 물에 담가 1차 세척하고 식품용 세제로 씻어 깨끗한 물로 헹군다.
② 100℃에서 5분 이상 끓여서 소독한다.
③ 의류용 세제에는 형광염료가 포함되어 있으므로 식품에 사용을 금지한다.

라. 식품 절단기
① 전원을 끈다.
② 전원 코드선을 분리한다.
③ 절단용 칼날의 두께를 '0'으로 한다.
④ 육류용 보관 용기를 분리하고 손잡이를 아래로 돌린다.
⑤ 절단용 칼날 보호대를 분리하고 보호대의 손잡이를 풀어놓는다.
⑥ 각 부품들을 싱크대에 넣고 세척한다.
⑦ 깨끗한 물로 헹구고 건조한다.
⑧ 칼날과 설비 내부를 문질러 닦는다.
⑨ 천으로 닦아낸다.
⑩ 칼날을 소독하고 건조시킨다.
⑪ 모든 칼날이 마르면 재조립하고 손잡이를 단단히 고정시킨다.
⑫ 육류용 보관 용기를 장착한다.
⑬ 칼날 두께를 0으로 유지한다.
⑭ 전원 코드선을 연결한다.

마. 기타 장비
① 수세미 : 자외선 소독고에서 소독한 후 보관한다.
② 저울 : 알코올 70%로 소독한다.
③ 온도계 : 사용 전에 알콜 70%로 소독한 후 건조하여 사용한다.
④ 발판 소독조 : 염소액 100ppm을 매일 아침 제조하여 사용하고 시간이 지남에 따라 희석되므로 1일 2회 미리 제조한 염소 소독액을 보충한다.

7 주방의 항목별 세척 방법

가. 조리대와 작업대
- 매일 세제를 묻혀 세척한 뒤 건조

나. 바닥 청소
- 바닥은 건조 상태 유지
- 습기가 많으면 세균이 번식할 우려가 있으므로 물을 뿌려 세제로 1일 2회 청소
- 기름때가 있을 경우 가성소다를 묻혀 1시간 후 솔로 닦고 헹굼

다. 칼
- 업무 종료 후 매일 갈고 크린저로 닦아 전용 행주로 물기를 닦아 건조 보관
- 일하는 중에는 칼을 갈지 않는다.(쇠 냄새가 나기 때문)

라. 도마
- 도마는 매일 물로 세척하여 사용
- 매일 사용 후 중성 세제로 씻고, 살균 소독하여 보관
- 영업 중에는 조리할 때마다 물로 씻어 사용
- 특히 환절기에는 열탕소독 필수
- 사용 후 지정된 장소에 세워서 보관

마. 식기
- 세정은 중성 세제로 함
- 용기의 모퉁이는 주의 깊게 닦고, 세정 후 쓰레기, 먼지, 곤충으로부터 오염을

막기 위해서 지정된 장소에 수납

바. 행주
- 행주는 사용 후 세제 세척하고, 삶은 후 건조하여 사용

사. 쓰레기통
- 더러움이 심한 쓰레기통은 가성소다로 씻어 건조시키고, 일반적으로는 세제 청소 후 락스로 헹구어 건조

아. 가스 렌지 주변
- 버너 출구가 막혀 있으면 철사로 찌르거나 막혀 있는 버너의 가스를 잠그고, 막혀 있는 버너를 뺀 다음 큰 버너에 거꾸로 올려 가열. 막힌 버너가 붉은색으로 변할 때 집게로 들어 찬물에 식히면 막혀 있던 불순물이 타서 부서짐
- 렌지 위는 항상 청결을 유지
- 쓰레기 받이는 폐점 후에 청결하게 청소
- 매일 렌지 표면은 전문 세제 등을 사용하여 금속 수세미로 세척

자. 식기 선반
- 월 2회 식기를 놓는 선반을 세제로 세정하고 행주로 닦은 뒤 건조하여 사용
- 선반에 깔려 있는 행주 등도 꺼내서 주 1회 정도 새것으로 교환

차. 닥트 환기팬
- 월 2회 가성소다를 이용하여 기름때 청소
- 닥트에서 기름 등이 떨어져 요리에 들어가는 것을 예방
- 필터 세정은 싱크에 따뜻한 물을 담고 180cc 정도의 가성소다를 넣고 1일 담근 뒤 중성 세제로 세정

참고 문헌

고민경. (2011). 배달음식의 이용실태와 영양정보표시 인식도. [석사학위, 중앙대학교 대학원]. RISS.

구숙경, 정선윤, 김인용, & 정윤화. (2021). 커피 프랜차이즈 점포의 특성에 따른 위생관리 수행도와 종사자의 특성에 따른 위생지식. 한국식품영양과학회지, 50(11), 1248-1257.

국회입법조사처. (2022). 음식배달산업 현황과 배달라이더의 소득자료 제출에 따른 쟁점.

김덕웅, 정수현, 염동민, 신성균, & 여생규. (2007). 21C 식품위생학. 수학사.

김미경. (2021). 순환경제 관점에서 본 플라스틱 식품포장재 재활용의안전성에 관한 고찰. 한국포장학회지, 27(3), 149-158.

김미라, & 김효정. (2012). 영남지역 대학생의 식품 위생 및 안전성에 대한 인식도와 정보획득행동에 관한 연구. 동아시아식생활학회지, 22(2), 305-314.

김미현, & 연지영. (2021). 충청지역 일부 대학생의 코로나-19 이후 식생활 변화, 가정간편식과 배달음식 이용 실태. Journal of Nutrition and Health, 54(4), 383-397.

김보현. (2022년04월08일). 배달용기 전자레인지 사용 주의해야. 안전저널.

김복란. (2007). 춘천지역 고등학생의 식품안전성에 대한 인식도 조사. 한국가정과교육학회지, 19, 119-131.

김성숙. (1998). 소비자의 안전의식과 안전추구행동. 대한가정학회지, 36(3), 1-14.

김성숙. (2007). 소비자의 식품안전에 대한 태도와 친환경농산물 구매행동에 관한 연구. 가정과 삶의질연구, 25(6), 15-32.

김영국, & 최정은. (2011). 유기농 식품에 대한 객관적 지식, 주관적 지식, 위험지각 및 구매의도와의 관계; 식품안전 위험지각의 매개효과. Culinary Science & Hospitality Research, 17(4), 153-168.

김정서, & 이걸재. (2021). 코로나 19 위험지각과 스마트관광 인식, 스마트관광 태도, 행동의도의 영향 관계에 관한 연구. 한국외식산업학회지, 17(1), 147-161.

김지명, & 홍승희. (2020). 식품위생 교육 경험과 식품구매 행동, 지식 및 실천과의 관련성. 대한임상건강증진학회지, 20(4), 165-174.

김현아, & 정현영. (2018). 식품안전 인지도와 식품안전 관련 구매행동 조사. Culinary Science & Hospitality Research, 24(3), 93-103.

남지연, 주세영, & 홍완수. (2018). 음식점 원산지표시제에 대한 소비자의 지식수준에 관한 연구. Journal of Nutrition and Health, 51(4), 357-367.

박백수. (2016). 환경오염시설의 통합관리에 관한 법률 내용 및 대응. The monthly packaging world, 66-76.

박지연, 최은희, 최정화, 심상국, 박형수, 박기환, 문혜경, & 류경. (2009). 소비자의 식품안전 인지도와 안전행동 평가. 한국식품위생안전성학회지, 24(1), 1-11.

서환석, & 황재현. (2019). 친환경농산물 소비자의 주관적 지식에 따른 세분시장 특성분석. 식품유통연구, 36(2), 41-59.

송유진, & 유현정. (2008). 식품구매시 소비자의 지각된 위험이 안전의식과 안전추구행동에 미치는 영향력의 구조모형분석-서울과 상해소비자를 중심으로. 소비자학연구, 19(3), 215-244.

식품안전정보원. (2017). 식품용 기구용기포장 관리제도.

식품의약품안전처. (2020). 유해물질 간편정보지 9 비스페놀.

식품의약품안전처. (2021). 배달 음식 위생관리 매뉴얼.

식품의약품안전처. (2021). 식품용 기구 및 용기·포장 공전.

식품의약품안전처. (2022). 식중독 신고건수 및 환자수.

심재익. (2011). 외식소비자의 위험지각이 소비태도와 구매의도에 미치는 영향 연구. [석사학위, 경기대학교 관광전문대학원]. RISS.

어금희, & 함문훈. (2009). 패밀리 레스토랑 직원들의 식품 위생 및 안전 지식에 관한 연구. Culinary Science & Hospitality Research, 15(2), 268-281.

왕위(2012). 한·중 소비자의 HACCP 인증 식품에 대한 인식과 구매행동 비교 연구. [석사학위, 건국대학교 대학원]. RISS.

윤여임, & 김경자. (2015). 식품안전 위해요인에 대한 소비자지식. 소비자정책교육연구, 11(4), 79-99.

저자 소개

신 신자

저자는 국내에서 족발로 가장 유명한 (주)장충동왕족발의 CEO로서 제24대 대전상공회의소 부회장을 역임하였다. 2008년 제42회 납세자의 날 대전지방국세청장상을 수상하였다.

저자는 부산시 동래구에 내려가 장충동왕족발 체인점을 열어 '고객 최우선주의'라는 기치를 걸어 특유의 섬세함과 배려로 전국 1등 매장으로 자리매김하였다. 이후 어려운 처지에 놓인 본사를 2001년에 인수해 세간에 큰 화제가 됐다.

대전 은행동에서 처음 시작된 ㈜장충동왕족발은 저자가 인수한 이후 꾸준한 도약으로 전국적인 프랜차이즈로 성장했다. 현재 전국에 물류 네트워크와 180여 개의 전국 체인점을 보유한 동종업계 1위를 고수하고 있다. 특유의 담백한 제품력으로 믿고 찾는 브랜드 파워와 유명세를 떨치고 있으며, 유사 상표까지 등장할 만큼 인기다.

소설가 미우라 아야꼬 문학관에서 더불어 사는 사회의 가치, 깨달음을 얻어 (주)장충동왕족발은 체인점과 직원들이 행복한 기업, 사회와 상생하는 착한 기업으로도 명성이 높다. 이를 위하여 매출 수익의 30% 이상을 직원들의 인센티브로 지원하며, 수익의 10%는 사회에 환원하고 있어 사회의 귀감이 되고 있다. 2002년도에는 존 로빈스의 '음식혁명'이라는 책을 접하며 바른 먹거리에 대한 관심이 커져 전 세계의 건강한 바른 먹거리를 찾아서 국민들에게 제공하기 위하여 연구하고 있으며, 제품으로 출시하고 있다.

저서로는 「농촌을 살리는 융복합산업혁명」, 「고객의 만족도를 높이는 음식점 안전·위생 관리 노하우」, 「노인의 무병장수를 위한 건강한 영양과 식단」, 「음식점 창업과 경영 전략」, 「족발의 비밀과 메뉴」 등이 있다.

고객의 만족도를 높이는
음식점 안전·위생 관리 노하우

초판1쇄 인쇄 : 2024년 7월 20일

초판1쇄 발행 : 2024년 7월 20일

지은이 : 신신자

펴낸이 : 류윤엽

출판사 : 핸뉴북스

주소 : 서울, 종로구 사직로8길 4, 광화문 스페이스본 101동 204호

전화 : 02-732-0202

e-mail : yoony1015@naver.com

등록번호 : 제(979-11) 988330호

※ 잘못된 책은 바꾸어 드립니다.

※ 무단복제를 금합니다.

바코드 9791198833068

ISBN 979-11-988330-6-8(13590)

값 10,000원